Du capitalisme

David Guerlava

Quand je vois qu'on a voulu faire un grand palais, je me demande aussitôt pourquoi ce palais n'est pas plus grand. Pourquoi celui qui a cinquante domestiques n'en a-t-il pas cent ? Cette belle vaisselle d'argent, pourquoi n'est-elle pas d'or ? Cet homme qui dore son carrosse, pourquoi ne dore-t-il pas ses lambris ? Si ses lambris sont dorés, pourquoi son toit ne l'est-il pas ?

Julie, ROUSSEAU

INTRODUCTION

1) Repères

Le mot *capitalisme* apparaît en Europe, au XVIIIème siècle. Le français Louis Blanc l'utilise de façon étonnamment moderne, dans son ouvrage *Organisation du travail* (1850) :

> *On voit en quoi consiste le sophisme qui sert de base à tous les raisonnements de M. Bastiat. Ce sophisme consiste à confondre perpétuellement l'utilité du capital avec ce que j'appellerai le capitalisme, c'est-à-dire l'appropriation du capital par les uns, à l'exclusion des autres.*

Aujourd'hui, les définitions peuvent varier, suivant les modèles sociaux et d'entreprises. Et suivant l'idée que chacun s'en fait évidemment. Au-delà des divergences sémantiques et de points de vue, il semble néanmoins qu'on puisse le définir simplement. Une première définition pourrait être : *le capitalisme est le mode de production et de consommation où : 1. les moyens de production sont la propriété d'une minorité de ménages et d'individus. Et 2. l'inégalité de revenus est sans entrave majeure, c'est-à-dire illimitée.*

Ces deux caractéristiques sont difficilement contestables, et pour ainsi dire indissociables dans le capitalisme. Les capitaux sont concentrés, parce que les revenus sont illimités, le processus d'accumulation s'accélérant au fil du temps (quand la fiscalité ne pose pas de limites). Et les revenus sont illimités, parce que ceux qui fixent les rémunérations sont propriétaires de la majorité des capitaux. En France par exemple, 10 % de la population détient 53 % du patrimoine et des moyens de production[1].

Cette première définition permet de poser un cadre théorique, et de distinguer le capitalisme d'autres systèmes économiques, comme le féodalisme. Elle permet également de dire, sans être cynique, qu'entre le capitalisme tel qu'on l'entend classiquement, et les différentes formes de totalitarisme qu'a connu le monde depuis la fin du XVIIIème siècle, la différence est - d'un point de vue économique – uniquement de degré.

La relation capitalisme/démocratie n'est, en effet, pas si évidente que certains l'imaginent. Dans *Le prix de l'inégalité* (2012), Stiglitz a montré par exemple que l'instabilité économique pouvait favoriser l'émergence de comportements anti-démocratiques. Et les déclarations récentes de certains dirigeants, sur l'idée qu'ils se font de l'entreprise, vont dans le même sens. En novembre 2015, Alain Dinin - PDG de la société immobilière *Nexity* - déclare par exemple dans *Les Échos* que *L'entreprise n'est pas une démocratie*. Ce dirigeant, qui a soutenu le candidat *PS* Claude Bartolone aux régionales d'Ile-de-France, reprend en ces termes d'autres prises de position, comme la phrase de Lindsay-Owen Jones, alors PDG de *L'Oréal,* qui déclarait : *L'entreprise n'est pas une démocratie, c'est une autorité*.

Faut-il s'en réjouir ? Non évidemment, mais force est de constater que l'entreprise et l'ensemble des entreprises qui constituent le marché ne sont pas,

---

[1] Moyenne des chiffres de l'*OCDE*, du *Crédit Suisse,* de Piketty et de l'*Observatoire des inégalités*

aujourd'hui, des démocraties. Même si quelques initiatives isolées, comme *Worldblu,* cherchent à promouvoir des formes de gouvernances plus souples, 10 % de la population en France on le rappelle détient plus de la moitié des capitaux. Et donc plus de la moitié des droits de vote et des conseils d'administration. Sans compter que l'essentiel des dettes publiques est détenue aujourd'hui par les marchés financiers.

De fait, la majorité des individus passent aujourd'hui le plus clair de leur temps – et de leur vie – *pour* et *dans* l'entreprise. Sur toutes les vraies décisions, sur toutes les vraies politiques (techniques, stratégiques, salariales, …) l'immense majorité des individus et des ménages n'ont rien à dire. Le reste du temps, ils font avec ce que le marché leur laisse comme pouvoir d'achat pour vivre et se divertir.

2) Méthodologie

Dans un rapport de 2015 intitulé *Pourquoi moins d'inégalité profite à tous*, l'*Organisation pour le Commerce et le Développement Économique* (*OCDE*) fait remarquer que, depuis le milieu des années 90, les inégalités de revenus ont augmenté dans presque tous les pays du monde. En Europe, aux États-Unis et aussi en Chine[2]

---

2 Les données se basent sur l'indice de Gini, qui est une mesure de l'inégalité sociale, développée par le statisticien italien Corrado Gini. L'indice est un nombre variant de 0 à 1, où 0 correspond à l'égalité parfaite, et 1 à l'inégalité absolue (où un seul individu dispose de tous les revenus). Par exemple un indice de 0,250 est plus égalitaire qu'un indice de 0,350.

Graphique 1 : Inégalité de revenus (après transferts sociaux) dans quelques pays de l'OCDE + Chine et Russie (1995-2010)

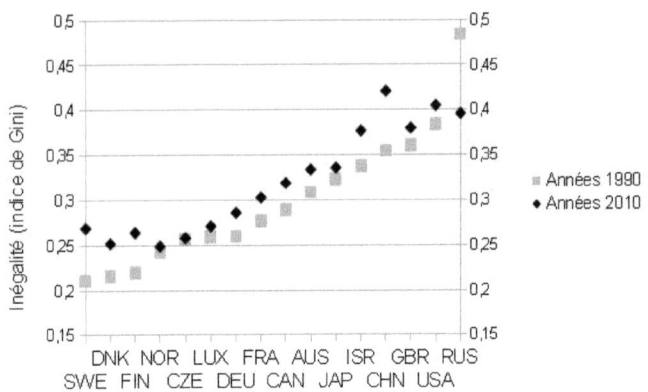

Source OCDE / Banque Mondiale

On remarque également, au sein des pays capitalistes, qu'on peut opérer des distinctions en terme de niveaux d'inégalité. La Norvège et le Danemark par exemple sont moins inégalitaires que les USA ou la France (pour l'ensemble des résultats de l'*OCDE* et de l'*Union européenne* voir les *Annexes*).

Ces différentes formes de capitalisme permettent des points de comparaison, avec le spectre le plus large possible. C'est ce à quoi nous nous attacherons, tout au long de cet ouvrage. Comparer, sur une période relativement longue (décennale quand c'est possible) et dans des zones économiques suffisamment vastes et homogènes (l'*Union européenne* souvent) les pays sur la base de leur niveau d'inégalité. Pour comprendre, *in fine*, les conséquences de l'inégalité illimitée de revenus sur les grands indicateurs économiques, sociaux et écologiques.

Notre méthodologie - celle des calculs et des graphiques de corrélations - sera identique à celle de Richard Wilkinson et Kate Pickett, dans leur ouvrage *Pourquoi l'égalité est meilleure pour tous*. Notons que s'il est communément admis qu'une corrélation isolée ne peut, à elle seule, suffire à établir un lien de causalité, l'homogénéité des cadres spatio-temporels et la diversité des indicateurs que nous proposons suffiront logiquement à lever les doutes. D'ailleurs, beaucoup de penseurs plus ou moins autoproclamés établissent souvent de fausses corrélations, un peu comme M. Jourdain faisait de la prose, c'est-à-dire sans le savoir. A cette différence près que eux, ils ne donnent jamais les chiffres ni les références.

Notons enfin qu'à la base nous voulions cet ouvrage le plus concis possible (moins de 100 pages). Mais progressivement, nous avons ramifié et complété quelques-uns de nos développements par toute une série de commentaires, pour une bonne part initialement publiés sur Internet, et que nous plaçons ici dans la partie *Compléments*. Certains ne manqueront pas de trouver le procédé indélicat. Il nous semble néanmoins que les sujets abordés, et la plus grande liberté de ton de ces commentaires, pouvaient contribuer au débat.

PREMIERE PARTIE :
LE CARCAN CAPITALISTE

Contrairement à l'intuition commune, le capitalisme ne crée pas les conditions idéales à l'innovation et au développement. En dehors du fait que des inégalités peuvent apparaître entre producteurs ayant la même qualification (entre hommes et femmes par exemple) la loi de l'offre et de la demande ne semble en effet pas avoir toute les vertus que l'orthodoxie libérale veut bien lui attribuer.

Si on s'en tient par exemple à la stricte logique du marché, normalement plus de technologie devrait ouvrir plus de postes qualifiés, et plus d'offre de travail qualifié devrait ouvrir davantage de concurrence entre les candidats. Et donc une diminution de l'écart entre leurs rémunérations et celles des producteurs moins qualifiés. Or ce n'est pas le cas. Pourquoi ? En partie en raison du fait que les capitaux humains sont concentrés, et que l'accès aux études supérieures est fermé. C'est ce que disent les *Économistes atterrés* dans un article de septembre 2015[3] :

Ce sont bien les lacunes des systèmes d'éducation supérieure, dont sont exclus les classes à faibles revenus, qui sont à l'origine de la hausse des salaires des personnes les plus qualifiées. Dans des marchés du travail de plus en plus libéralisés, où tout est fait pour imposer la loi de l'offre et la demande, l'offre de travailleurs très qualifiés sortant des systèmes d'éducation supérieure est

---
3 *Quand le FMI et l'OCDE découvrent que les inégalités sont un frein à la croissance*

fortement contrainte, ce qui permet aux plus diplômés, issus des classes aisées, d'accaparer ce que les deux institutions appellent pudiquement «la prime de qualification». Ceux qui détiennent le capital (quelle qu'en soit sa forme : immobilière, financière) sont les plus aptes à financer leurs investissements en éducation, ce qui en retour les place en haut de l'échelle des salaires. Le processus est cumulatif, capital financier et capital humain (l'éducation) se renforcent l'un l'autre au niveau individuel, et accroissent les revenus des plus riches, alors que ceux des autres classes stagnent, voire régressent.

Les indicateurs macro-économiques confirment l'analyse, et plus globalement la relation entre capitalisme et frein au développement.

Dans son rapport *In It Together* l'*OCDE* relève par exemple que plus d'inégalité de revenus (après transferts sociaux), et donc moins de régulation, ne permet pas nécessairement de doper l'activité économique. C'est ce que confirment les données disponibles pour l'*Union européenne,* où d'après nos calculs la *corrélation inégalité de revenus / taux de croissance* est nulle. On le voit sur le graphique 2, pour la période 2005-2014 (sauf Roumanie et Bulgarie : 2007 et Croatie : 2013). Chaque point correspond à une année pour un pays. Les données courant jusqu'à 2014, nous avons maintenu le Royaume-Uni dans nos calculs.

Graphique 2 : absence de corrélation taux de croissance / inégalité de revenus dans l'Union européenne
(2005-2014)

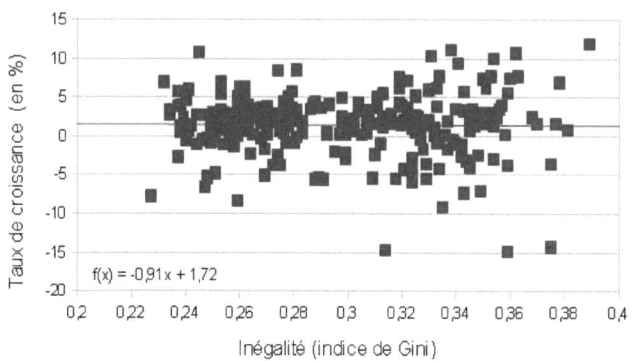

Lecture d'un graphique de corrélation : moins le nuage de points est concentré autour de la droite de tendance *f(x)*, et moins cette dernière est « penchée », moins la corrélation est forte. Par convention on admet que la corrélation est très forte si le coefficient de corrélation $r > 0,8$; forte si r se situe entre 0,8 et 0,5 ; moyenne si r se situe entre 0,5 et 0,2 et non significative en deçà. Une corrélation peut être positive – la droite f(x) monte - ou négative - (f(x) descend. Le caractère positif ou négatif de la corrélation n'a pas de valeur morale ou d'intensité, c'est un terme académique pour indiquer le caractère *proportionnel* ou *inversement proportionnel* de la corrélation.

On le voit le nuage de points est épars, et la droite de tendance f(x) horizontale. La corrélation est donc nulle.

La tendance est la même pour l'inflation, puisque si dans la *Zone Euro* la corrélation avec l'inégalité de revenus.est légèrement négative, dans l'*Union européenne* elle est légèrement positive, comme on peut le voir sur le graphique suivant :

Graphique 3 : corrélation positive taux d'inflation / inégalité de revenus dans l'Union européenne (2005-2014)

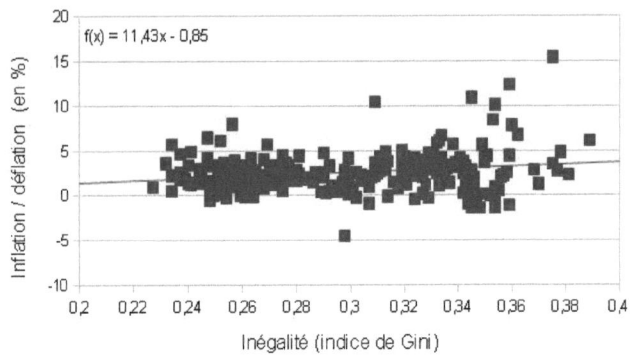

La corrélation est de 0,2. La question de la *convergence* (du rattrapage) des nouveaux entrants dans l'*Union européenne* depuis 2005 ne minimise pas le résultat, puisqu'il y a globalement autant de pays entrants plus égalitaires (Slovénie, République Tchèque et Slovaquie notamment) qu'il y en a de plus inégalitaires (Roumanie, Lituanie et Lettonie).

Autre préjugé que nous remettons en cause ici, le lien entre inégalité de revenus et faiblesse du taux de chômage (les ménages riches étant généralement considérés comme les entrepreneurs prométhéens qui créent des emplois, et apportent le feu de la croissance à la civilisation).

Dans l'*Union européenne,* on remarque en effet une corrélation positive entre inégalité de revenus et taux de chômage : plus l'inégalité est forte, et plus le taux de chômage est important (graphique 2). Ici *r* est mathématiquement de 0,37. C'est l'Espagne qui a en moyenne le taux de chômage le plus fort (17,18 %), et l'Autriche le plus faible (5,05%).

Graphique 4 : corrélation positive taux de chômage / inégalité de revenus dans l'Union européenne (2005-2014)

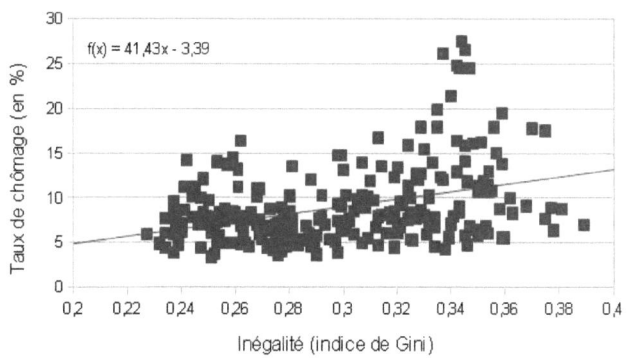

Pour comprendre l'importance de ce résultat, il faut imaginer ce que la scolastique libérale aurait dit, si la tendance avait été inverse. Notons que la *corrélation inégalité / chômage* (0,37) - que nous relevons ici - est plus forte que celle que beaucoup invoquent, à savoir celle entre croissance et chômage, qui est de 0,26 sur la même période (pour les USA voir annexe 3).

Autre corrélation, tout aussi surprenante, celle entre coût de la main d'œuvre (charges comprises) et faiblesse du taux de chômage. Dans l'*Union européenne*, plus la main d'œuvre est payée, et plus le chômage a tendance à baisser (graphique 5). Pour plus de lisibilité, chaque point correspond ici à la moyenne d'un pays pour les deux indicateurs (coût de la main d'œuvre et inégalité). La France est représentée par le symbole ►◄ :

Graphique 5 : corrélation négative coût de la main d'œuvre / taux de chômage dans l'Union européenne (2012-2014)

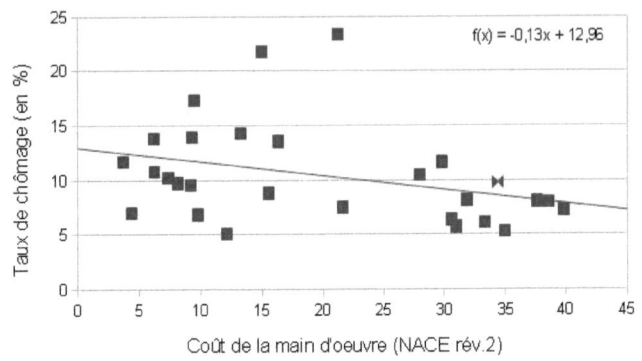

Cette corrélation (0,33) n'est pas pour plaire à tout le monde. Est-ce à dire pour autant qu'augmenter le coût en question permettrait de diminuer automatiquement le taux de chômage ? Non sans doute, car la corrélation n'est pas assez forte, et d'autres paramètres entrent en ligne de compte : tout dépend de comment on augmente le coût de la main d'œuvre. Mais cela prouve pour le moins que l'inverse, la baisse du taux de chômage par la baisse du prix du travail (et des charges sociales notamment) n'est pas confirmé dans les faits.

Une part de l'explication se trouve dans la *balance des comptes courants*, qui est un bon – sinon le meilleur - indicateur de la compétitivité d'un pays et de ses entreprises Sur le graphique 6, on voit en effet qu'il y a une corrélation négative entre cette balance et l'inégalité de revenus pour la période 2007-2013 (Croatie 2013 uniquement). La corrélation est forte (0,6) : moins le pays est égalitaire, et moins la balance est excédentaire. Les Pays-Bas ont la balance la plus excédentaire (+9,1%), et la Grèce la plus déficitaire (-5,42%) :

Graphique 6 : corrélation négative balance des comptes courants / inégalité de revenus dans l'Union européenne (2007-2013)

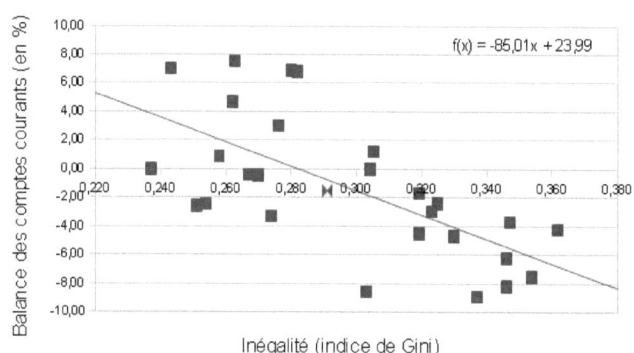

A cela deux raisons : 1. Au niveau de l'offre, les entreprises peuvent chercher à s'implanter et à relocaliser là où le niveau technique (infrastructures, protection de la propriété, qualifications, etc...) est plus élevé. Et 2. Au niveau de la demande, plus le pays est égalitaire, plus la demande proche est solvable, et plus la demande de marchandises non importées (dépenses contraintes notamment) peut atteindre ou garder un niveau correct.

En France par exemple, moins d'inégalité relancerait sans doute la demande nationale, en permettant à des millions de ménages de consommer davantage de produits français. La propension à consommer des marchandises étrangères augmente en effet avec les revenus. Autrement dit, chez les ménages les plus aisés, la demande de produits nationaux est moins forte[4].

On finira ces analyses préliminaires avec un indicateur dont on entend beaucoup parler ces derniers temps : le solde public (l'excédent ou le déficit public). Là encore, contrairement à ce que l'idéologie libérale suggère, on observe une corrélation entre inégalité de revenus et déficit public, comme on peut le voir pour l'*Union européenne* sur le graphique suivant (Croatie incluse). La corrélation est de 0,38 :

Graphique 7 : corrélation déficit public/ inégalité de revenus dans l'Union européenne (2008-2014)

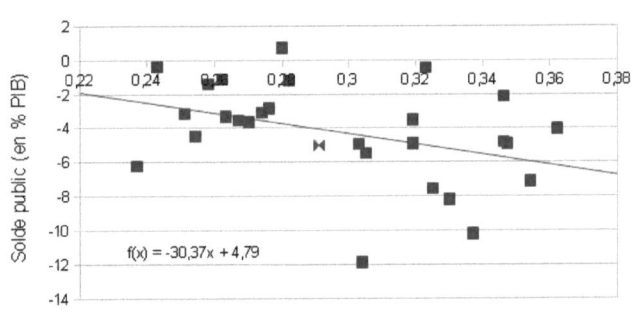

Notons que les déficits ont explosé dans presque tous les pays (sauf le Luxembourg et la Suède) après la crise financière de 2008, la palme du déficit revenant à

---
4 Pour la France voir le rapport du Sénat n° 169 -2008-2009

l'Irlande (−11,88 %) dont l'économie s'est beaucoup financiarisée depuis le début du XXIè siècle.

I/ Le surcoût du capital

En décembre 2012 Laurent Cordonnier, Thomas Dallery, Vincent Duwicquet, Jordan Melmiès et Franck Van de Velde ont publié une étude intitulée *Le coût du capital et son surcoût*.

Cette étude, relayée par *Le Monde diplomatique* et *Mediapart* montre que s'il est concevable de rémunérer les investisseurs financiers à hauteur de leur travail d'analyse et de sélection, le système de prix marchand reste globalement déterminé par un surcoût du capital financier.

Une conséquence de ce surcoût est que l'innovation et la compétitivité ne sont pas franchement encouragées. Wilkinson et Pickett ont montré par exemple la corrélation (négative) entre le nombre de brevets revendiqués (par million d'habitants) et l'inégalité. Mais cela va beaucoup plus loin.

L'*OMPI*, l'*Université Cornell* et l'*INSEAD* publient en effet chaque année un *Indice Mondial de l'Innovation* (*Global Index Innovation*), qui établit un classement évaluant les résultats en matière d'innovation de 141 pays du monde entier, en s'appuyant sur 79 indicateurs.

Or, pour les 110 pays dont les indices de Gini sont disponibles dans la base de données de la *Banque Mondiale*, nous avons relevé une corrélation négative de 0,4 entre l'*IMI* et l'inégalité de revenus (graphique 8). La corrélation est de 0,45 dans l'*OCDE*, et de 0,48 dans l'*Union européenne*. Autrement dit, ce sont les pays les plus régulés qui sont les plus performants en matière d'innovation.

Graphique 8 : corrélation négative scores à l'Indice Mondial de l'Innovation / inégalité de revenus dans 110 pays (2015)

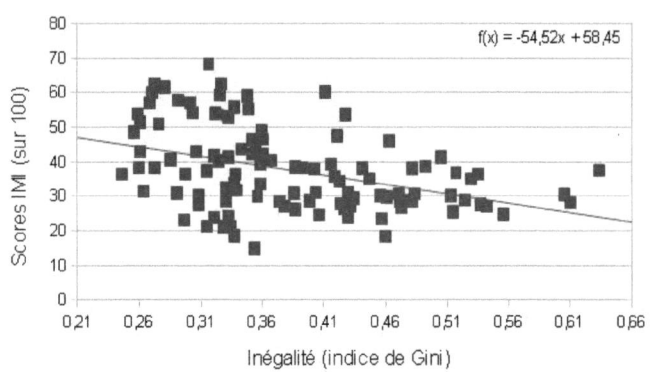

A cela plusieurs raisons. D'abord, il ne peut pas y avoir d'innovation sans transmission des savoirs, sans système éducatif performant. Or plusieurs résultats montrent de manière très claire qu'une répartition libérale des revenus ne permet pas une efficacité optimale du système en question

Wilkinson et Pickett ont montré notamment la relation entre les capacités des élèves et l'inégalité. En 2012, sur les trois grands tests (« *mathématiques* », « *compréhension de l'écrit* » et « *sciences* ») du test international *PISA (Programm for International Student assessment)* on observe en effet, au sein de l'*Union européenne,* une corrélation négative (0,34) entre scores atteints et inégalité de revenus (graphique 9). Les Pays-

Bas arrivent premiers (1556) et la Grèce dernière (1397).

Graphique 9 : corrélation négative scores PISA / inégalité de revenus dans l'Union européenne
(2012)

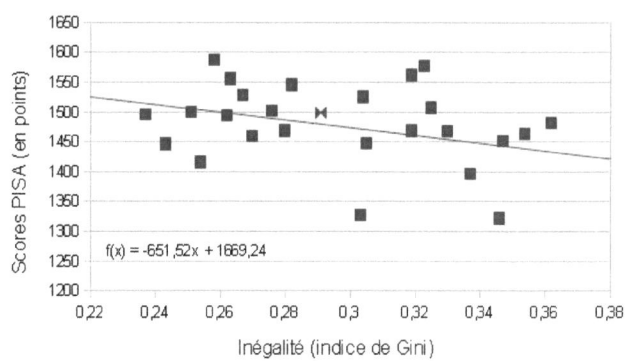

L'*OCDE* elle-même relève plusieurs corrélations importantes en la matière :
- entre surcharge des classes / et démotivation des élèves.
- entre équité de la répartition des ressources pédagogiques, équité socio-économique (égalité sociale et d'apprentissage) / et performances en mathématiques.
- entre taux de scolarisation dans le secondaire / et égalité de revenus (rapport *In it together*)
- entre mobilité sociale (ce qu'on appelle communément l'égalité des chances) / et égalité de revenus. Cette corrélation a été mise en avant notamment par les travaux de Blanden, Gregg et Machin en 2005, et par ceux d'Alan Krueger et Miles Corak en 2012.

D'un point de vue strictement économique, la relation inégalité de revenus non entravée / freins à l'innovation et au développement est encore plus forte.

Depuis 20 ans on l'a dit, on observe un accroissement des inégalités en Europe et dans le monde. Cet accroissement s'explique pour une bonne part par l'écart qui s'est creusé entre la part du capital et celle du travail[5].

Or, cette hausse de la part et du coût du capital n'a pas entraîné de hausse parallèle des *dépenses en Recherche et Développement* (R&D), qui sont un bon indicateur de la propension à innover ; meilleur en tout cas que celui de l'investissement, puisqu'une entreprise peut augmenter ses unités de production (investir) sans pour autant substituer de nouveaux moyens de production aux process les plus pénibles et les plus destructeurs de l'Environnement.

Le Canada, la Grande Bretagne et la France par exemple ont connu un creusement des inégalités ces dernières années, et n'ont pas pour autant vu leurs dépenses en R&D augmenter, comme on peut le voir sur le tableau 1.

---

5 Au sens classique du terme, le capital comprend les dividendes (la rémunération d'une partie de la propriété de l'entreprise), les intérêts (versés aux prêteur), les loyers et différentes impositions. Le travail comprend les salaires et les charges sociales. Comme le dit l'*OCDE*; *la diminution de la part du travail va [...] en général de pair avec l'aggravation des inégalités de revenu marchand.* [*Partage de la valeur ajoutée entre travail et capital : comment expliquer la diminution de la part du travail*, OCDE (2012), pages 122-123]

Tableau 1 : évolution des dépenses de R&D au Royaume-Uni, au Canada et en France entre 2000 et 2010

	Dépenses R&D 2000	Dépenses R&D 2010	Évolution
Royaume-Uni	1,8	1,8	0
Canada	1,9	1,9	0
France	2,2	2,2	0

Si on compare maintenant trois pays d'Europe suivant leur niveau d'inégalité de revenus, le Danemark (le moins inégalitaire), la France (dans la moyenne) et le Royaume-Uni (le plus inégalitaire) on remarque que l'évolution et le niveau des dépenses en R&D peuvent varier de manière substantielle.

Graphique 10 : Dépenses en R&D du Danemark, de la France et du Royaume-Uni (2000-2012)

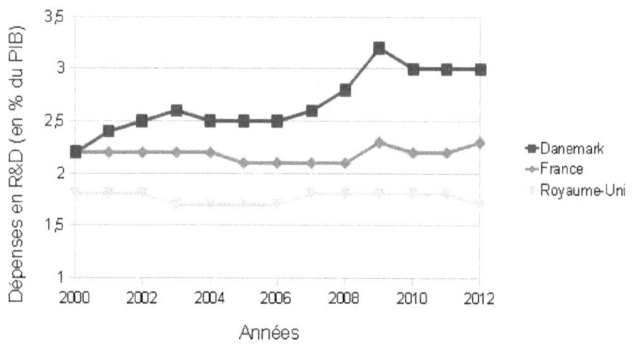

Ces résultats sont confirmés à un niveau plus large, entre les 28 États membres de l'*Union européenne* (graphique 11). La corrélation est forte (0,59), comme on peut le voir sur le graphique suivant. La Suède est le pays qui a les dépenses en R&D les plus fortes (3,90%) et la Roumanie les plus faibles (0,49%).

Graphique 11 : corrélation négative dépenses en R&D / inégalité de revenus dans l'Union européenne (2002-2012)

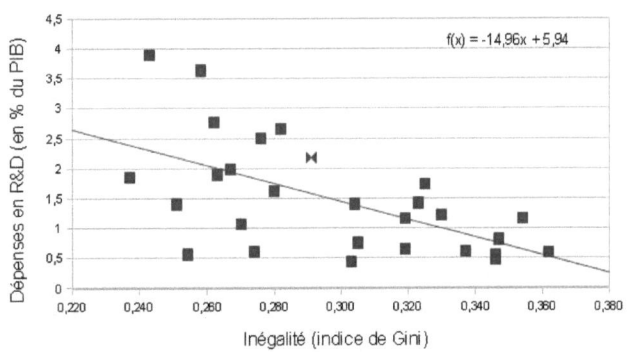

La corrélation est confirmée par d'autres résultats, notamment par les corrélations négatives dans l'*UE* entre l'inégalité de revenus et :
- le PIB par habitant (0,41). Cela veut dire que les corrélations du PIB avec d'autres indicateurs ne sont pas antinomiques, mais complémentaires avec les corrélations concernant l'inégalité.
- la productivité horaire de la main d'œuvre (graphique 12, corrélation de 0,44)
- les exportations en haute technologie (0,38).

Graphiques 12 : corrélation négative productivité horaire / inégalité de revenus dans l'Union européenne (2007-2013)

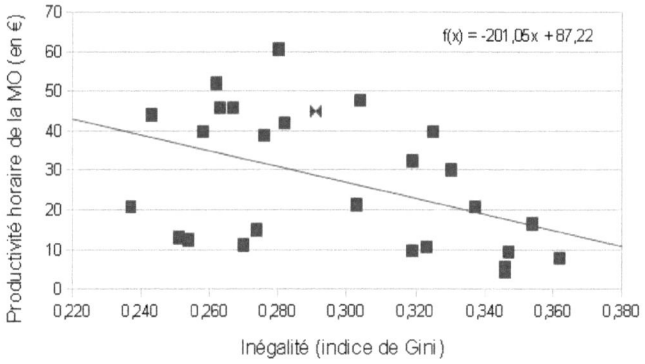

Graphique 13 : corrélation négative exportations en haute technologie / inégalité de revenus dans l'Union européenne (2008-2014)

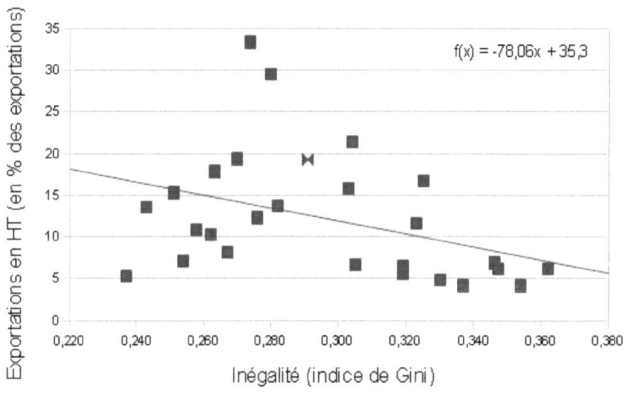

Ces différents résultats ne ne sont pas infirmés à un niveau plus large, comme au sein de l'*OCDE* (qui relève même une corrélation négative entre inégalité de revenus et taux de croissance sur le continent nord-américain).

Notons que si les deux dernières corrélations (graphiques 12 et 13) sont seulement moyennes, c'est sans doute parce que les calculs sur la base de prix et de coûts marchands sont limités : les exportations en haute technologie sont un indicateur parmi d'autres en matière d'innovation, mais ne sont pas systématiquement synonymes d'innovation réelle. On peut très bien imaginer une entreprise d'armement innover et exporter une grosse part de sa production sans que sur le long terme cela se traduise par un *développement humain* réel. De la même façon, le PIB, sur lequel la productivité horaire est calculée, ne constitue pas l'alpha et l'oméga du progrès humain. Il ne prend pas en compte, par exemple, la pollution et l'empreinte écologique.

II/ Vers une extension de la notion de capital

A/ Quelle responsabilité ?

On l'a dit la rémunération de la propriété du capital – des loyers et surtout des dividendes – y est pour beaucoup dans le creusement des inégalités. Mais ce n'est pas la seule cause. Dans un article du 2 octobre 2014 l'*Observatoire des inégalités* écrit :

Entre 1996 et 2008, [les] *salaires perçus en moyenne par les 1 % des salariés les mieux rémunérés ont augmenté beaucoup plus rapidement que ceux des autres salariés.*

Autrement dit au sein même du facteur

habituellement appelé *travail*, il y a des disparités très fortes. Ces inégalités de salaires rémunèrent (normalement) une autre forme de capital, le capital technique et humain.

Dans les faits, la frontière entre *capital* et *travail* est moins nette que la définition habituelle le laisse entendre. D'abord parce que la rémunération du capital comme les dividendes paient *normalement* une forme de capital technique et humain - et donc un travail - celui qu'il faut pour analyser et sélectionner les entreprises auxquelles on est disposé à apporter de l'argent.

Ensuite, parce que pour pouvoir être propriétaire du capital, il faut (sauf héritage) avoir d'autres revenus à la base, et notamment un salaire plus élevé : la capacité à épargner, à acheter des actions et toucher des dividendes augmente avec les revenus, et notamment avec les salaires (ou toute autre forme de rémunération du travail).

Enfin dans la pratique on remarque que les PDG des entreprises, qui font partie du facteur travail au sens académique du terme, touchent souvent des actions ou des accès privilégiés aux actions en plus de leurs rémunérations fixes et des extras.

C'est ce que montrent toutes les enquêtes sur le sujet, et notamment l'article du magazine *Capital* du 17 septembre 2015 intitulé *Le palmarès des salaires 2015 des patrons,* où l'on voit que les rémunérations en capital des PDG (qui sont des unités du facteur *travail*) n'ont rien à envier à leurs salaires.

Le capital pris au sens large correspond donc mieux à la réalité, puisqu'il comprend le travail *normalement* plus qualifié, c'est-à-dire le capital humain (technique et managérial) dont il faut disposer *normalement* pour diriger ceux qui occupent un poste *a priori* moins qualifié (pour ensuite accéder au capital immobilier et financier). Nous soulignons les mots ici pour rappeler que les postes considérés comme moins qualifiés supposent souvent un savoir-faire et une rigueur dont ont rarement conscience les gouvernances et les hiérarchies. Nous nous en remettons ici à l'expérience personnelle de chacun.

Quoiqu'il en soit, c'est en redessinant les contours des notions de capital et de travail qu'on comprend mieux l'accroissement des inégalités. Pour autant, que les hauts revenus viennent de la propriété du capital financier et immobilier, ou du capital technique et humain, on a du mal à concevoir sur quoi de tels écarts de rémunérations peuvent être indexés.

Pas sur la valeur que les dirigeants apportent à l'entreprise apparemment, puisque si l'on prend les plus grosses progressions de revenus des PDG français en 2014, on observe une déconnexion totale avec l'évolution du cours des entreprises sur la même période (2014) :

Tableau 2 : Évolution des revenus de certains PDG français et cours boursier des entreprises (2014)

Enterprise	Évolution des revenus (en %)	Évolution des actions (en %)	Écarts (en %)
Renault	+ 170, 3	+ 4,3	166
Bouygues	+ 71,8	+ 14,7	57,1
Vinci	+ 69,6	- 5,1	74,7
Kering	+ 36,1	+ 3,6	32,5
Arcelor Mittal	+ 23,8	- 29,6	53,4

Si on prend l'ensemble de la répartition des revenus (bruts et nets) en France[6], on voit également que l'échelle des rémunérations n'est pas progressive, et n'a rien de très rationnel :

Graphique 14 : Répartition des revenus bruts et nets en France (hors impôts locaux et transferts sociaux)

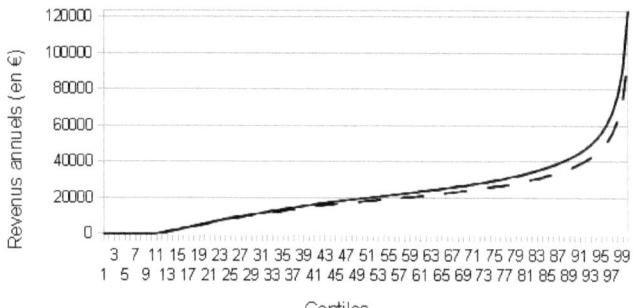

Lecture du graphique : sur l'axe x des abscisses (horizontal) les quantiles (fractions) de la population, découpée en centiles (1% de la population). Sur l'axe y des ordonnées (vertical) les seuils de revenus de chaque centile. Il s'agit pour les revenus nets (courbe en pointillés) des revenus après impôt sur le revenu (des personnes physiques), prélèvement libératoire, prime pour l'emploi et CSG. Les impôts locaux et les transferts sociaux autres que la PPE (vers les premiers centiles notamment) ne sont pas inclus ni représentés.

On le voit les courbes de revenus sont irrégulières. Elles montent très lentement au début, forment un creux entre le centile 35 (globalement le SMIC à temps plein) et le centile 90 environ, puis remontent brusquement après, pour ne plus s'arrêter. C'est ce qu'on devine sur le graphique, qui montre les seuils et donc que les 1 % les plus riches (le dernier centile, le 99

---

6 D'après *Pour une révolution fiscale* (2011) de Landais, Piketty et Saez

ème) gagnent *au minimum* environ 100 000 € par an.

C'est vraiment ce qui caractérise la répartition des revenus en France, et plus globalement celle de toutes les sociétés capitalistes : l'irrégularité de la répartition, et surtout l'absence de limite aux revenus. Les classes moyennes sont parmi les grandes perdantes de ce système, puisque mis à part ceux qui n'ont pas de revenus du tout, ce sont elles qui supportent le plus gros creux jusqu'aux 10 % les plus riches (ceux qui possèdent plus de 50 % de tous les capitaux). Plus de la moitié de la population en fait (55 %) paie le prix d'une échelle de revenus, qui n'en est pas une en réalité, puisqu'il n'y a ni progressivité ni limite.

Une idée répandue serait que ces hauts revenus constituent la contrepartie de la responsabilité et du risque, que prennent les actionnaires et les dirigeants. Pourtant être responsable signifie rendre des comptes, à un moment ou à un autre. On est alors en droit de se poser une question : à qui rend-on des comptes, quand on a gagné suffisamment d'argent pour vivre sans travailler jusqu'à la fin de ses jours ? De toute évidence la responsabilité diminue avec l'inégalité. Diversification des portefeuilles financiers, protection juridique, assurances diverses, accès privilégié aux crédits, parachutes dorés, réseaux de relations et facilité de migration sont autant de moyens dont disposent les ménages les plus riches pour parer à toute éventualité et diminuer les risques.

Dans les faits, des dirigeants et des cadres peuvent toujours être débarqués. Mais au regard de ce qu'ils gagnent avant, et parfois même après, leur responsabilité paraît bien peu engagée. Rappelons qu'en

France 10 % de la population seulement détient plus de 50 % des capitaux, et des droits de vote qui vont avec. L'immense majorité des ménages n'a donc pas son mot à dire sur la façon de prévenir et de sanctionner les gestions défaillantes.

Les affaires financières et commerciales récentes de ce point de vue sont révélatrices. Comme l'affaire Kerviel / *Société Générale* par exemple. Ou l'affaire *Volkswagen*.. Le 21 septembre 2015 éclate en effet le scandale du trucage des moteurs. En 2 jours, l'action *Volkswagen* perd 25 milliards € (un tiers de sa valeur) et à terme les dédommagements sont estimés à 16 milliards. Pourtant peu de jours après on peut lire dans le *Midi libre* :

> *Le géant automobile aux douze marques a prévu 28,5 millions d'euros pour la retraite de son ex-patron, selon son rapport annuel 2014. Une somme que Martin Winterkorn est sûr de recevoir.*
> *A cela s'ajoute une possible indemnité de départ pour fin prématurée de son contrat, attribuée par le conseil de surveillance et dont le plafond est fixé à deux ans de rémunération maximum, explique le document. Martin Winterkorn a touché un salaire total de 16,6 millions € en 2014, et de 15 millions € en 2013, d'après les deux derniers rapports annuels de Volkswagen. Deux ans de salaire représentent donc plus de 31 millions pour celui qui a longtemps été le patron le mieux payé d'Allemagne.*
> *Au total donc, le dirigeant peut prétendre à environ 60 millions d'euros après son départ, entre provisions de retraite et parachute doré.*

60 millions € de gains pour 40 milliards € de pertes. Visiblement tout le monde ne se fait pas la même idée de la responsabilité.

B/ L'instabilité du marché

Dans leur *Dictionnaire d'analyse économique* Bernard Guerrien et Ozgur Gun ont montré la vacuité des théories néo-classiques, telles qu'elles sont enseignées dans les manuels et les Universités.

Quand on voit des milliers d'agriculteurs manifester dans les rues pour de meilleurs prix, ou la volatilité des cours boursiers depuis leur création, on se demande en effet à quel genre de réalité se réfèrent les dogmes orthodoxes.

Contrairement à ce que suggère l'idée de concurrence parfaite, le marché connaît de grosses défaillances, qu'il est impossible d'énumérer ici dans le détail. Il peut y avoir par exemple des cas de *sélection adverse*, où l'un des deux agents (l'offre) peut cacher certains défauts ou programmer l'obsolescence. Il peut y avoir aussi des cas d'*aléas moraux*, où un des agents fait courir un trop gros risque aux autres. Jacques de Larosière donne un bon exemple d'aléa moral, en l'appliquant aux marchés financiers, dans un article paru dans *Libération* le 25 juillet 2011 :

Sous l'influence de la libération des mouvements de capitaux (qui s'est généralisée au cours des années 80) et des mutations technologiques, les activités financières ont littéralement explosé. Quelques exemples illustrent ce phénomène : à la veille de la crise, 40 % de tous les profits réalisés par l'ensemble des entreprises américaines provenaient des seules institutions financières. Ces 40 % sont évidemment très supérieurs à la valeur ajoutée par ces institutions ou à leur part de l'activité «réelle» dans le PIB américain (environ 10 %). Mais la progression des transactions financières était, en grande partie, le résultat d'opérations de trading entre établissements (banques d'investissements, hedge fund...). Ces transactions, dont la finalité est de permettre à des «acteurs de marché» de prendre des positions, de profiter de la volatilité ou de vendre des instruments de couverture ou des produits dérivés complexes et sur mesure, ont considérablement gonflé les bilans et le «hors-bilan» des établissements financiers, c'est-à-dire leurs risques, sans, du reste, contribuer notablement à la croissance économique.

Autre défaut du marché, l'entrée des entreprises peut être entravée par une certaine tendance au monopole (exemple *Microsoft*), par une entente sur les prix entre concurrents officiels (comme dans la téléphonie ou récemment dans le secteur de la livraison) et l'importance des coûts fixes, notamment quand le coût du capital est trop élevé.

Sur la guerre des prix, on retiendra l'intervention de Véronique Nguyen dans le magazine *Challenges* :

> *Cette guerre des prix a des conséquences dramatiques. Pas tant pour la grande distribution qui est en position de force car le consommateur est bien obligé d'aller faire ses courses alors qu'il y a une consolidation du secteur. Cette situation est dramatique pour les PME et les agriculteurs qui sont les fournisseurs de la grande distribution. Le constat est assez noir : le contexte macro-économique libéral favorise la concurrence en Europe. Tout ce qui ressemble de près ou de loin à des ententes économiques* [est sanctionné]. *Pourtant quel est le bénéfice d'un système ultra-libéral ? Le consommateur y gagne dans un premier temps avec une réduction des prix mais dans un deuxième temps, ...il n'a plus de travail.*

Sur les stocks enfin, on retiendra l'article de Thiébault Dromard dans *Challenges* également :

> *Cette opération a été réalisée dans le plus grand secret. Seulement une dizaine de salariés de la maison Hermès, tirés au sort parmi les 10.000 collaborateurs, en seront témoins. Au petit matin, ils se sont retrouvés devant l'incinérateur de Saint-Ouen, en Seine-Saint-Denis. Un rendez-vous bien inhabituel pour ces artisans du cuir plus habitués à se retrouver dans leurs ateliers de Pantin que devant les*

grandes cheminées de cette usine traitant des déchets, où vont finir en cendres quelques-uns des plus beaux produits du groupe de luxe. Un représentant d'un cabinet d'huissier les rejoint. "Les produits Hermès sont arrivés par camions entiers, encore dans leurs boîtes orange pour certains, raconte un salarié témoin de la scène. Notre rôle consiste à vérifier que tout est effectivement détruit et que personne ne se sert au passage."

Brûler les marchandises, plutôt que de les démocratiser. Le fait peut paraître étrange, mais ne l'est pas tant que çà. Contrairement à ce que suggère la *théorie marginaliste (*version la plus « aboutie » du dogme du marché équilibré) qui veut que le consommateur (ou le producteur) augmente sa consommation (ou sa production) jusqu'à la dernière unité utile (au-delà de laquelle le coût individuel l'emporte sur le bénéfice), les agents du marché sont loin de faire des choix aussi objectifs et rationnels qu'on le prétend généralement.

Les études de Robert Giffen et Thorstein Veblen par exemple - sur la question des élasticités-prix de la demande - l'ont bien montré. L'élasticité-prix de la demande, c'est le fait pour la demande (le consommateur) d'être sensible aux prix. Par exemple, quand le prix d'un bien augmente de 10 %, on suppose que la demande réagit et baisse (de 15 % par exemple). Or, Giffen et Veblen ont prouvé que, dans les faits, la demande pouvait ne pas être aussi réactive que la théorie le suggère.

.Giffen a montré notamment que concernant les marchandises les plus vitales (alimentaires par exemple), les ménages les plus pauvres ne peuvent pas toujours diminuer leur consommation quand le prix augmente. Si le prix du pain ou de la pomme de terre (par exemple) augmente, les ménages peuvent continuer à en consommer autant, ou même en consommer davantage, pour équilibrer leur budget, au détriment d'autres produits comme la viande, qui sont encore moins accessibles. Ce qui est vrai pour les produits alimentaires peut évidemment l'être pour l'ensemble des dépenses contraintes (logement, énergie,...) qui ne cessent d'augmenter depuis plusieurs années.

A l'autre bout de la chaîne de consommation (ou des besoins) Veblen a montré qu'il existait des marchandises (comme les biens de luxe) où le consommateur était prêt à payer un prix plus fort (ou même le prix le plus fort possible), indépendamment de la valeur réelle de la marchandise, pour acquérir et consolider une position sociale. Selon Veblen, Les consommateurs ne font plus des choix individuels et rationnels, mais des choix d'apparence et d'exclusivité. Dans un but ostentatoire, ou pour faire une plus-value, comme dans les enchères et le marché de l'art.

Personne aujourd'hui ne conteste la réalité de ces deux effets d'inélasticités (Giffen et Veblen). Par contre, personne ne s'est encore demandé à quel point ils concernaient l'ensemble du marché.

Pourtant, quand on regarde les chiffres - quand on compare les variations de consommation et de prix - les résultats sont loin de confirmer l'hypothèse classique.

Par convention, on admet en effet que l'élasticité-prix est avérée quand e est négatif (e = variation de la consommation divisée par la variation du prix). Par exemple quand la demande baisse de 15 % et que le prix augmente de 10 % (e = -15/10 = - 1,5) l'élasticité-prix est de – 1,5. Par contre, quand e est nul ou positif, l'élasticité-prix n'existe pas, et la tendance est de type

Giffen ou Veblen.

Or, dans le tableau 3, on voit que les résultats pour la période 2005-2014 en France, pour toutes les consommations (hors celles des associations et des collectivités locales) ne confirment pas la théorie libérale.

Tableau 3 : (in)élasticités-prix de la demande en France (2005-2014)

	05	06	07	08	09	10	11	12	13	14
Produits alimentaires et boissons non alcoolisées	10,6	1,55	2,01	0,94	3,75	4,15	1,41	1,25	1,91	0,85
Boissons alcoolisées, tabac et stupéfiants	-3,07	3,94	0,74	0,27	1,4	1,3	1,28	0,55	0,42	0,35
Articles d'habillements et chaussures	4,58	10	4,61	-1,86	-2,8	1,39	1,25	0,17	-0,10	50
Logement, eau, gaz, électricité et autres combustibles	1,25	1,18	1,26	0,92	-20	1,05	0,34	1,29	1,25	0,17
Meubles articles de ménages et entretien courant du foyer	3,97	3,93	4,03	-0,57	-1,16	8,66	1,92	0	-0,98	0,71
Santé	2,3	1,83	2,09	1,48	4,02	2,08	4,55	2,02	-4,52	18,3
Transports	1,35	1,02	2,06	0,56	1,71	0,71	1,08	-0,39	-4,15	1,07
Communications	-17,5	-16,9	-4,66	-19	-18	-0,13	0,98	0,64	0,56	-1,42
Loisirs et culture	-3,57	-3,89	-2,14	0,18	1,29	-1,05	-0,45	-20	4	-0,48
Enseignement	2,7	3,29	2,15	1,55	0,59	1,32	0,54	1,47	-0,26	1,5
Restaurants et hôtels	1,73	2,13	2,48	0,36	-1,08	3,38	1,68	0,71	0,37	0,65
Biens et services divers	2,78	3,02	5,02	2,93	-3,89	0,96	0,84	-0,23	2,82	-1,54

Source INSEE

Sans entrer dans le détail, on voit qu'un quart seulement des élasticités-prix (30 sur 120) sont négatives. Ces résultats sont confirmés à un niveau plus large, au niveau de l'*Union européenne* pour la même période, sur la base des variations de consommation par habitant et des variations de prix relevées par la *Banque Mondiale*.

Certes, nous n'avons pas pour l'instant pu établir de corrélation supérieure à 0,14 (version très agrégée avec 10 points correspondant aux moyennes européennes des deux indicateurs) entre inégalité de revenus et inélasticité-prix. Reste que plus l'inégalité est forte, et plus la confrontation offre / demande tourne à l'avantage de ceux à qui appartient l'offre : les propriétaires du capital (financier, immobilier, culturel et relationnel). C'est vrai pour tous les marchés. Sur le marché du travail, parce que les ménages riches sont propriétaires des moyens de production, et qu'ils payent comme bon leur semble. Sur le marché du capital, parce qu'*on ne prête qu'aux riches.* Et sur le marché des biens et des services en général, parce que *le client est roi,* et que le cadre institutionnel le protège.

Chacun comprend aussi que les cas de sélection adverse, d'aléa moral, de tendance au monopole et de guerre des prix – que nous citions précédemment – tournent beaucoup plus à l'avantage des ménages les plus aisés. Notons enfin que plus le marché est libre (moins l'inégalité est entravée) et plus les grands indicateurs économiques se révèlent instables. A commencer par le taux de croissance, c'est-à-dire l'indicateur que beaucoup mettent au centre des préoccupations actuelles. C'est ce qu'on voit sur le graphique suivant.

Graphique 17: relation instabilité de la croissance / inégalité de revenus dans l'Union européenne (2005-2014)

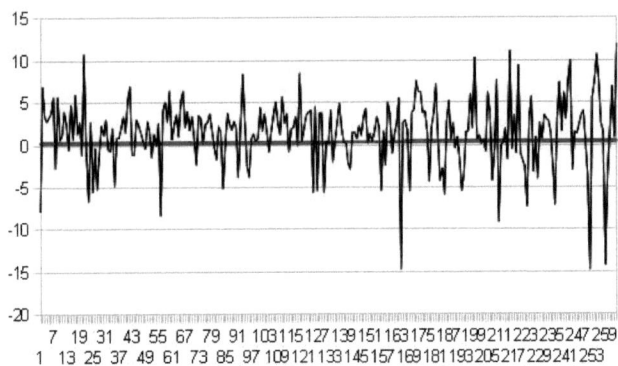

Lecture du graphique : sur l'axe y des ordonnées (vertical) les variations de croissance, sur l'axe x des abscisses (horizontal) les 265 séquences correspondant aux indices de Gini disponibles pour les 28 pays sur 10 ans. Les indices de Gini sont classés dans l'ordre croissant, tous pays confondus : (l'inégalité de revenus augmente de gauche à droite). On le voit le taux de croissance est plus variable et instable à droite qu'à gauche du graphique.

La tendance est plus lourde encore pour les variations de prix et la consommation (graphiques 18 et 19).

Graphique 18: relation instabilité des prix / inégalité de revenus dans l'Union européenne (2005-2014)

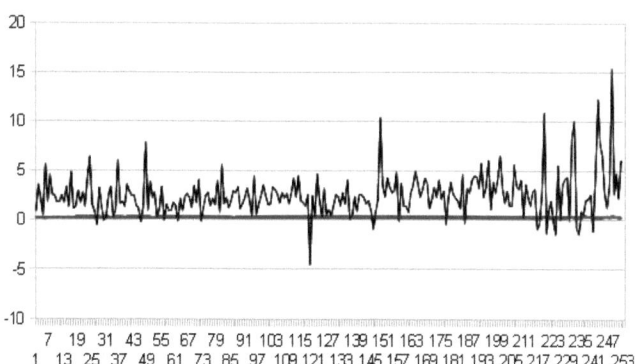

Graphique 19: relation instabilité de la demande / inégalité de revenus dans l'Union européenne (2005-2014)

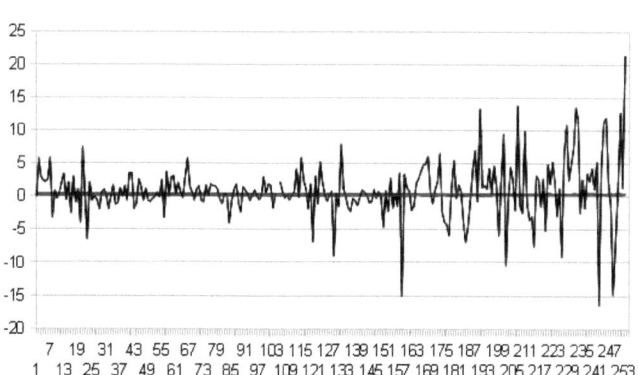

Il apparaît également – dans les banques de données statistiques - que les variations sont plus fortes après la crise financière de 2008 qu'avant. Les économies les plus inégalitaires sont donc non seulement les plus instables, mais aussi les moins résistantes à la volatilité des marchés financiers.

RÉSUMÉ

Sur la plupart des indicateurs économiques (taux de chômage, balance des comptes courants, dépenses en R&D, productivité ...) les effets négatifs de l'inégalité de revenus (après transferts sociaux) et du surcoût du capital, au sens classique ou élargi du terme, sont avérés. Aucun élément sérieux ne vient corroborer l'idée que le système actuel de prix et de revenus serait méritocratique. Plus l'inégalité de revenus est marquée, plus l'économie est imprévisible et instable.

SECONDE PARTIE : EXTERNALISATIONS

Une *externalisation* (ou une externalité) c'est l'impact (positif ou négatif) de l'action d'un agent économique sur le bien-être des autres agents, qui n'est pas pris en compte dans la valeur monétaire et marchande de l'action en question.

La pollution par les moteurs *Volkswagen* par exemple est une externalité négative, puisqu'elle engendre un coût écologique pour la collectivité, alors qu'elle n'est pas *à la base* supportée par l'entreprise allemande.

La *marchandisation* c'est le fait, pour le marché, d'absorber et de rentabiliser des secteurs non marchands à la base ou des activités qui n'ont pas lieu d'être à l'origine, c'est-à-dire qui sont plus ou moins liées à l'inégalité elle-même : le marché crée l'inégalité, celle-ci a des conséquences sur la vie humaine, et le marché en retour recycle les différentes manifestations de mal-être dans des biens et des services de compensation marchande, au profit des détenteurs de capitaux et des classes privilégiées.

I/ Le prix pour l'Homme

Périodiquement des entreprises comme *Nike*, *Glencore*, *Nestlé* et *Monsanto* défrayent la chronique. En

France par exemple, le couple de sociologues Michel Pinçon et Monique Pinçon Charlot ont publié *La violence des riches,* où ils font remarquer comment chez *Doux, PSA Peugeot-Citroën* et *GDF-Suez* notamment les salariés ont été malmenés. Mais plutôt que de passer tous ces scandales en revue, nous nous en tiendrons à ce qu'on pourrait appeler les grands indicateurs.

La sinistralité (le nombre de sinistres) a par exemple augmenté de 33 % entre 2000 et 2009, ajustée de l'accroissement démographique[7]. Les chiffres concernent la sinistralité dite *hors catastrophes naturelles* (incendies, bris de glace, vols, responsabilité civile et dégâts des eaux) sachant que l'urbanisation et les dérèglements climatiques ont une origine également économique et politique. Mais c'est sans doute au niveau de la santé (de la morbidité) que la relation avec l'inégalité de revenus paraît la plus évidente.

A/ Un faisceau d'indices

Si on compare la France au Danemark par exemple, sur la base d'un rapport de l'*OCDE*[8], on remarque que le Danemark est mieux classé que la France dans de nombreux domaines: 1. l'espérance de vie en bonne santé après 65 ans (page 19). 2. le taux de mortalité par accidents de transport (p. 27). 3. le taux de mortalité infantile (p. 31). 4. le taux de démence pour les plus de 59 ans (p. 49). et 6. le taux de fumeurs (p. 49).

Tout cela, alors même que 1. les Danois vont

---

7 *L'assurance habitation en 2010,* Étude de la *Fédération Française des Sociétés d'Assurances* et du *Groupement des Entreprises Mutuelles d'Assurances*
8 *Health at a glance : Europe 2014*, OCDE

moins souvent chez le docteur (p. 65). 2. leurs docteurs font moins de consultations (p. 65). 3. il y a moins d'examens au scanner et à l'IRM (et pourtant plus de matériel p. 69). 4. les séjours hospitaliers sont moins longs (p. 75). et 5. il y a deux fois moins de dépenses pharmaceutiques par individu (p. 127).

Par ailleurs, il y a en France de moins en moins de personnes qui peuvent faire face à leurs dépenses de santé. D'après l'*Observatoire des inégalités* 11 % des 20 % les plus pauvres en France n'ont pas de couverture santé complémentaire, alors qu'ils ne sont que 2 % chez les 20 % les plus riches. Toujours d'après l'*Observatoire des inégalités*, l'espérance de vie en bonne santé des cadres est supérieure de 6 ans à celle des ouvriers[9].

Sur la relation globale morbidité / inégalité l'*Observatoire National de la Pauvreté et de l'Exclusion Sociale* note également[10] :

> *Sur l'ensemble de l'échelle sociale, on observe un gradient général, toutes pathologies confondues : non seulement la mortalité est plus élevée en bas qu'en haut de l'échelle, mais la quasi-totalité des maladies y sont plus fréquentes. C'est ce que mettent en évidence avec le plus de force les travaux internationaux et français sur les inégalités. On citera en particulier les travaux britanniques sur la « cohorte de Whitehall ». Cette étude de suivi de la santé de longue durée concerne tous les fonctionnaires de l'Administration anglaise. Il s'agit donc de personnes pourvues d'un travail stable et dont les revenus, leur permettent de vivre dans des conditions correctes. Même si les fonctionnaires, dont les salaires sont les plus faibles, ne roulent pas sur l'or, ils ne sont pas « exclus de la société », ni menacés de privation alimentaire ou de conditions impossibles de logement. Le*

---

9 *Rapport sur les inégalités en France*, OBSERVATOIRE DES INEGALITES (2015) pages 100 et 129
10 *Les travaux de l'Observatoire 2001-2002*, ONPES pages 496-498. Voir également *Les personnes en situations sociale difficile et leur santé*, E. CAMBOIS dans *Les travaux de l'Observatoire 2003-2004* pages 101-126

constat de fortes inégalités, avec un gradient régulier entre les cadres dirigeants, les cadres moyens ou petits et les employés de base n'en est que plus impressionnant. On ne peut en effet attribuer la mortalité et la morbidité plus forte en bas de l'échelle sociale aux effets de conditions de vie dramatiques. Le gradient constaté ne se réduit pas, non plus, à des différences de comportements vis-à-vis de l'alcool et du tabac ; ces facteurs jouent effectivement, mais les auteurs ont aussi cherché à isoler leur influence, et il reste encore de grandes différences après neutralisation de ces facteurs. Ces recherches ont plus particulièrement été concentrées sur les maladies cardio-vasculaires, mais des constats généraux similaires sur d'autres pathologies sont faits. Les résultats sont corroborés par de nombreuses études internationales notamment sur ce domaine cardio-vasculaire. Citons ceux qui ont été conduits sur la cohorte Monica dans plusieurs pays dont la France. L'ouvrage de l'Inserm également sur les inégalités rassemble des données sur la santé périnatale, la santé de l'enfant, celle des adolescents, sur les cancers de différentes sortes, les troubles mentaux, la santé bucco-dentaire, le sida, les handicaps et les personnes âgées. Le gradient dont nous avons parlé se retrouve dans tous ces domaines et les raisons de ces inégalités, qui restent encore largement à étudier, semblent se trouver notamment du côté de deux facteurs. Le « stress », qu'on définirait plutôt comme une sorte de pression sociale exercée sur des personnes qui n'ont pas la maîtrise réelle de leur activité ou de leur destin. Et le « support social » défini comme une présence et un appui de l'entourage de la personne dans la conduite de sa vie.

[...] Signalons que les questions psychiques et de santé mentale jouent souvent un rôle central, presque de « plaque tournante », dans cet engrenage. L'ensemble des travailleurs sociaux et des associations engagées dans la lutte contre la précarité témoigne depuis longtemps de la fréquence, en milieu de vie difficile, des dépressions, des troubles psychiques divers relevant plus souvent du « mal-être » que de la maladie mentale.

Il y a tout lieu de penser que la situation ne s'est pas améliorée. C'est ce que confirment certains chiffres du rapport de l'*OCDE* précité : la consommation de médicaments contre l'hypertension et d'antidépresseurs a doublé en Europe depuis 2000[11]. L'*institut National de Veille Sanitaire* quant à lui fait remarquer dans un rapport de 2014[12] que le nombre d'hospitalisations et de recours aux urgences pour tentative de suicide a augmenté en France métropolitaine entre 2004 et 2013 : + 12 % de séjours et + 14, 7 % de patients (ajustés de l'accroissement démographique).

B/ Des corrélations importantes

Contrairement à Wilkinson et Pickett, nous n'avons pas relevé de corrélations significatives en matière d'obésité ou d'alcool (au sein de l'*OCDE* et de l'*Union européenne*). Les cultures culinaires et religieuses et le PIB semblent en effet importantes. Par contre, nous confirmons leurs résultats concernant la mortalité infantile (graphique 20). La corrélation est forte (0,6). Le Japon a le taux de mortalité le plus faible (2,21%) et la Turquie le plus fort (23,07 %).

A l'autre bout de la chaîne de la vie, *Eurostat* met à disposition un indicateur statistique très précis : le nombre d'années de vie en bonne santé (AVBS) après 65 ans. Or ce nombre diminue également dans les pays les plus inégalitaires (graphique 21). Il s'agit des derniers chiffres disponibles. La corrélation est de 0,34. La Suède a le meilleur AVBS65 (13,35 ans).

---

[11] *Health at a glance* page 83. L'OCDE fait remarquer que l'augmentation a été plus faible en Espagne, au Portugal et en Allemagne après qu'avant la crise de 2007. C'est vrai. Mais on remarquera que l'augmentation a été plus faible en France et aux Pays-Bas qu'au Danemark et en Suède, où l'inégalité s'est beaucoup plus accrue ces 15 dernières années

[12] *Hospitalisations et recours aux urgences pour tentative de suicide en France métropolitaine à partir du PMSI-MCO 2004-2011et d'Oscour 2007-2011*, INVS (2014) page 9

Graphique 20 : corrélation positive taux de mortalité infantile / inégalité de revenus dans l'OCDE (année disponible)

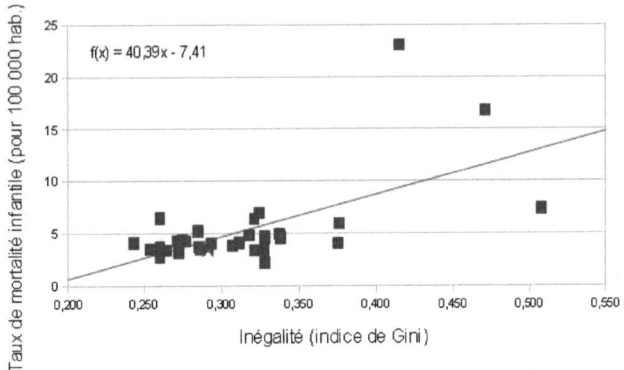

Source The World Factbook CIA

Graphique 21 : corrélation négative années de vie en bonne santé après 65 ans / inégalité de revenus dans l'Union européenne (2013)

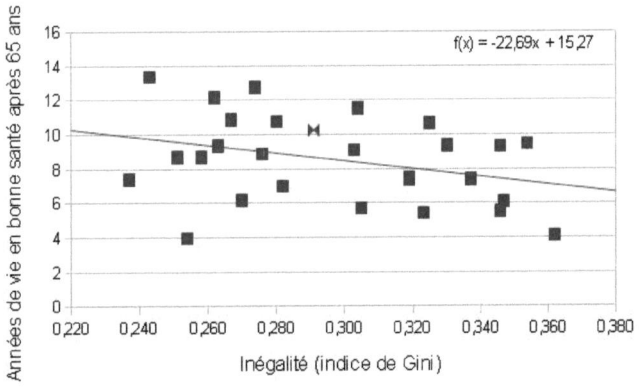

Le taux d'accidents du travail mortels est lui aussi

corrélé à l'inégalité de revenus. Dans l'*Union européenne*, pour la période 2008-2012 (sauf Croatie année 2012 retenue), la corrélation est de 0,47 (graphique 22). La Grèce et le Royaume-Uni avaient étonnamment les meilleurs taux de fréquence (1,5) et la Roumanie le pire (7,14) :

Graphique 22 : corrélation positive accidents du travail mortels / inégalité de revenus dans l'Union européenne (2008-2012)

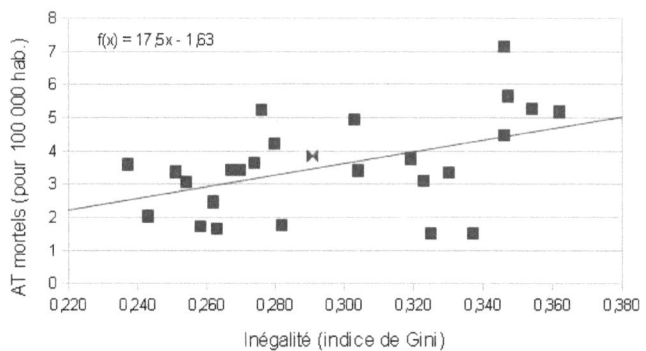

Autre corrélation, celle entre taux de fumeurs quotidiens et inégalité, qui est de 0,47 dans l'*Union européenne* (graphique 23). Exceptionnellement, on prend ici les chiffres sans distinction d'année d'adhésion (*NB* : sans la Croatie la corrélation est de 0,5). La Grèce a le taux de fumeurs le plus important (38,9%), et la Suède le plus faible (13,1%).

Graphique 23 : corrélation positive tabagisme/ inégalité de revenus dans l'Union européenne (2002-2012)

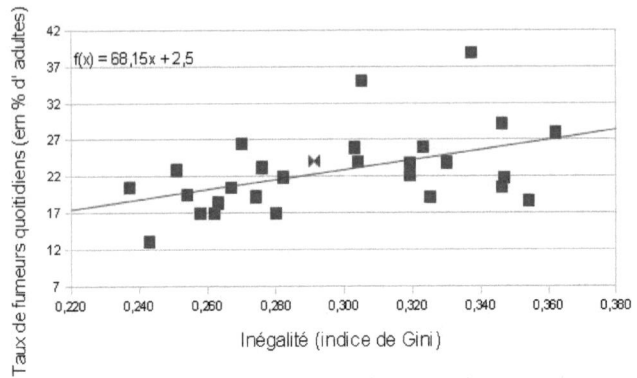

Concernant les dépendances illégales, les données ne sont pas selon nous assez précises pour pouvoir être exploitées. Elles dépendent des législations nationales et des mesures de consommation, qui sont loin d'être fiables, puisqu'elles se basent sur les chiffres de la répression et des estimations qui peuvent varier suivant la bonne foi des personnes interrogées.

Par contre on note au niveau de l'offre que les grands pays producteurs de drogues sont particulièrement inégalitaires, plus encore que la moyenne européenne après transferts sociaux (0,310). Données relevées d'après l'*ONU* et les indices de Gini de la *CIA* et du *Global Peace Index,* hors productions domestiques en Europe occidentale[13].

---

13 Sur les autres dépendances, les dépendances légales, et plus particulièrement sur le lobby pharmaceutique, nous recommandons la lecture de l'article de Julie Joly du 24 novembre 2010 pour *L'Express.*

Tableau 4 : Inégalité de revenus dans quelques pays producteurs de drogues

Indice de Gini	Pays	Productions
0,650	Afrique du Sud	Drogues de synthèses
0,585	Colombie	Cocaïne
0,582	Bolivie	Cocaïne
0,536	Thaïlande	Héroïne
0,517	Mexique	Drogues de synthèses Cocaïne

Source CIA / GPI / ONU

Un ensemble d'indices et de corrélations montrent donc que la morbidité est liée au système de répartition et à l'inégalité. Certains indicateurs résistent à l'analyse (cancer, obésité et diabète). Et des disparités peuvent encore apparaître entre les pays, suivant leur implication technique dans les questions de santé publique (par exemple dans la lutte contre le tabagisme). Mais globalement, que ce soit avant l'apparition des pathologies, ou après l'intervention des systèmes de protection sociale, les pays les moins inégalitaires s'en sortent mieux que les autres. La chaîne de causalité est simple : les inégalités de revenus et de capitaux augmentent l'exposition aux environnements pathogènes (physiques et sociaux) ; le marché met à disposition des consommateurs les mieux indemnisés des produits promus et vendus par des entreprises et des corporations à but lucratif ; et l'ensemble profite à la fin, avec la complicité parfois des États les plus fragiles, à ceux qui sont déjà privilégiés à la base.

Cette marchandisation du bien-être et de l'Humain se retrouve à des degrés divers, sur des marchés plus ou moins licites : accaparement des terres, clientélisme juridique et universitaire, marchandisation du corps humain (trafic d'organes, prostitution et exploitation d'une certaine image de la femme, ...). Mais au final, ce sont toujours les populations les plus pauvres (dans l'absolu et relativement aux autres) les plus exposées.

II/ Le prix pour la Nature

Privatisation des ressources naturelles, banques d'actifs naturels, brevetage du vivant, biopiraterie, droits à polluer et produits financiers indexés sur le climat sont quelques-uns des versants écologiques de cette marchandisation globale.

On rappellera qu'aujourd'hui le monde entre en *dette écologique* à la mi-août, alors qu'en 1970 le *jour de dépassement (*où les ressources que la planète est en mesure de renouveler annuellement sont consommées*)* n'était que le 23 décembre. A ce rythme-là, il faudra 2 planètes à l'horizon 2030.

A/ La corrélation impact écologique / inégalité

Wilkinson et Pickett ont déjà relevé certaines corrélations intéressantes. Pour notre part, nous n'avons pas relevé de corrélation avec les émissions de CO_2 (qui sont davantage corrélées au PIB). Par contre, à partir des chiffres d'*Eurostat* nous avons relevé une corrélation négative (0,24) entre pourcentage des surfaces agricoles couvertes par l'agriculture biologique et inégalité de revenus dans l'*Union européenne*. Une corrélation négative également (0,3) avec la productivité des ressources pour la période 2007-2014.

Ces premiers indices suggèrent que l'impact sur l'Environnement est corrélé à l'inégalité. C'est ce que confirment les chiffres de l'*Organisation Mondiale de la Santé* (OMS) pour ce qu'elle appelle la *Charge de Morbidité Environnementale* (*CME*).

La *CME* correspond aux effets sur la santé de la pollution (air, eau, sol), du rayonnement, du bruit, des risques professionnels et des méthodes d'agriculture notamment. Or, si on met en relation les chiffres de l'*OMS* et d'*Eurostat*, on observe que la CME est corrélée à l'inégalité de revenus, comme on peut le voir sur le graphique 24. La corrélation est forte (0,51). L'Estonie, la Lettonie et la Lituanie ont la CME la plus importante.

On relève également une corrélation positive intéressante (0,2) entre part de l'électricité non renouvelable (fossile, nucléaire, déchets non renouvelables) et inégalité de revenus au sein de l'*OCDE* (la corrélation est de 0,26 pour l'*UE*).

Graphique 24 : corrélation positive CME / inégalité de revenus dans l'Union européenne (2015)

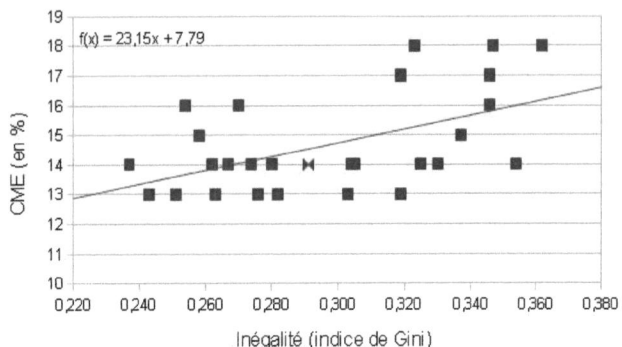

En matière d'espèces végétales menacées (par million d'habitants), nous avons relevé également une corrélation (0,36 dans l'*OCDE*). C'est le Portugal le moins bien classé, avec 7,79 espèces concernées par million d'habitants.

Graphique 25: corrélation positive espèces végétales menacées / inégalité de revenus dans l'OCDE (2011)

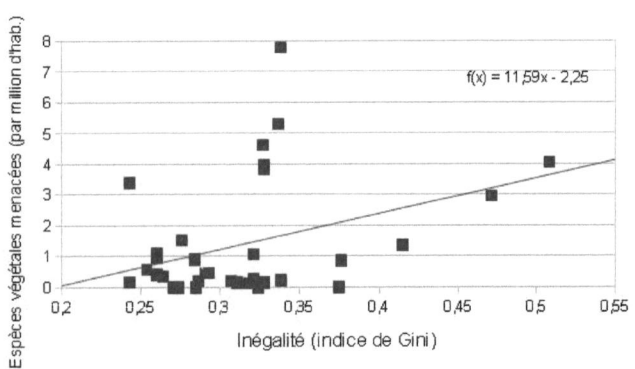

Si on élargissait le cadre d'analyse au niveau mondial, nul doute que ces corrélations seraient plus fortes, comme le laissent penser les données concernant l'Afrique. Il ne faut pas perdre de vue en effet que les pays les plus industrialisés externalisent une part importante de leur pollution dans les pays les moins développés.

D'une manière générale, ces corrélations ne doivent pas surprendre. Une population où les revenus sont mieux répartis a moins besoin de surexploiter les écosystèmes, et peut consommer davantage de biens écologiques (produits *bio,* isolations thermiques, panneaux solaires, voitures alternatives etc). Les entreprises de leur côté trouvent des collectivités moins influençables par les lobbies, capables d'informer et d'éduquer (étiquetage, sensibilisation), de gérer des infrastructures et de lancer des grands travaux, de financer la R&D, de passer des commandes innovantes pour l'Environnement (effets de démonstration et de réseau) et d'adapter le cadre institutionnel.

C'est ce qu'on remarque à la lecture d'un rapport de l'*OCDE* de 2012 intitulé *Invention et transfert de technologie environnementale*. En matière de technologies de lutte contre la pollution de l'air, de l'eau et de gestion des déchets (p.32-33), nous avons relevé une corrélation négative entre proportion de brevets écologiques et inégalité de revenus, comme on peut le voir sur le graphique suivant, pour les pays de l'*UE*. Exceptionnellement, on prend en compte les 28 pays, indépendamment de leur date d'adhésion.

Graphique 26 : corrélation négative brevets écologiques / inégalité de revenus dans l'Union européenne (1990-2005)

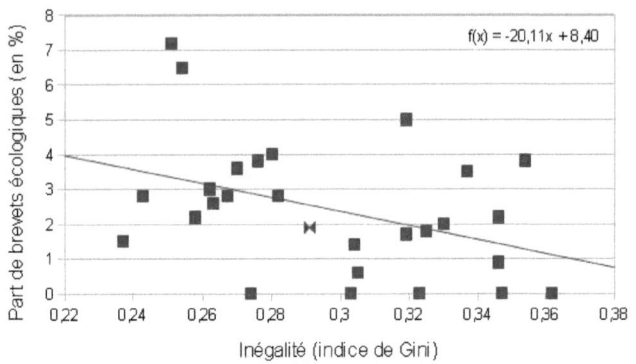

La corrélation est de 0,40 (elle est de 0,47 pour les pays de l'*OCDE*) : plus les pays sont égalitaires, et plus les entreprises ont tendance à breveter dans le secteur de l'écologie. Dans ce domaine c'est la République Tchèque qui arrive en tête (7,2%), devant la Slovaquie (6,5%) et la Pologne (5 %).

Une meilleure répartition des revenus semble donc plus incitative en matière de respect de l'Environnement. Cela s'explique par plusieurs facteurs. Concernant le rôle joué par l'action publique, l'*OCDE* en dénombre trois principaux : la rigueur, la prédictibilité et la flexibilité des politiques environnementales, notées de 1 à 7 d'après une enquête - auprès des PDG - du *Fond pour l'Environnement Mondial* .

Si l'on réunit ces trois critères sous le terme d'*adaptation des politiques environnementales*, on remarque là encore que moins les pays sont égalitaires, et moins leurs politiques sont modernes et adaptées :

Graphique 27 : corrélation négative adaptation des politiques environnementales / inégalité de revenus dans 40 pays du monde (2001-2007)

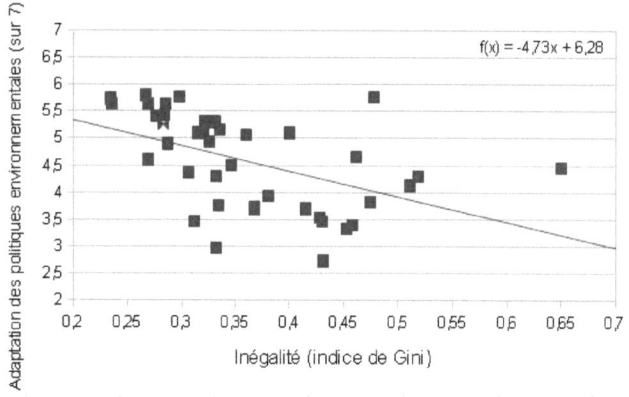

.La corrélation est de 0,48. Singapour (moyenne de 5,76 / 7), la Suisse (5,76) et la Suède (5,73) arrivent en tête. La Bulgarie (3,33), le Bangladesh (2,96) et le Nicaragua (2,73) ferment la marche.

L'*OCDE* note elle-même que les trois critères (rigueur, stabilité et flexibilité) sont corrélés à l'innovation dans les technologies environnementales, et notamment au nombre de brevets revendiqués (corrélations respectivement de 0,37-0,30 et 0,27)

Que se soit en terme de pollution, d'innovation ou d'adaptation des politiques environnementales, il y a donc une corrélation globale entre inégalité et impact environnemental.

C'est ce que confirme périodiquement l'actualité, et certaines études sur le sujet. Dans un article publié dans *Alternatives économiques* repris par l'*Observatoire des Inégalités,* Guillaume Duval et Manuel Domergue écrivent par exemple :

> *Les ménages les plus riches des pays riches sont en effet de très loin ceux qui consomment le plus, et donc ceux qui polluent le plus : des vacances à Bali sont plus énergivores que celles à la campagne, chauffer une maison de 200 m2 nécessite en moyenne plus d'énergie qu'un petit appartement, etc. Sans même parler de la consommation d'eau des parcours de golf d'un vert éclatant au mois d'août, ni des yachts, des jets privés et des hélicoptères dilapidateurs de carburant... Ces intuitions sont confirmées par les données publiées par l'Insee : les 10% des ménages les plus riches dépensent environ 2 000 euros par an en France pour l'énergie, contre 800 euros par an pour les plus bas revenus. De même pour la facture transports : les 10% les plus riches dépensent plus de 7 000 euros par an, contre moins de 2 000 pour les 10% les plus pauvres.* [...] *La contribution la plus nocive des plus riches à la crise écologique tient surtout à leur fonction d'exemple et de modèle à suivre pour le reste de l'humanité.* [Comme le suggère l'effet Veblen] *la volonté des couches populaires des pays riches mais de plus en plus aussi, à l'heure de la mondialisation, de l'énorme masse des pauvres des pays pauvres, d'accéder au même standard de consommation que les plus riches, entraîne l'humanité dans une course sans fin qui est la cause de la surexploitation des ressources.*

Dans un article de *Basta !* du 12 juin 2014 on peut lire également une entrevue de Sophie Chapelle avec le sociologue Razmig Keucheyan, sur la question des discriminations écologiques :

<u>Basta !</u> :Une des facettes de ces inégalités, c'est le « racisme environnemental »...

<u>*Razmig Keucheyan*</u>: *Exactement. Le concept de « racisme environnemental » est né aux États-Unis au début des années 80 dans*

le cadre du mouvement pour la justice environnementale, qui est une bifurcation tardive du mouvement des droits civiques (pour l'égalité des droits entre Noirs et Blancs, ndlr). Les animateurs de ce mouvement s'aperçoivent que les entreprises privées et l'État ont tendance à stocker les déchets toxiques à proximité de quartiers noirs. Et à protéger les catégories sociales les plus favorisées, les blancs en particulier, des nuisances environnementales. Le concept de racisme environnemental permet de penser ensemble discriminations racistes et questions environnementales.

En quoi l'ouragan Katrina qui a dévasté la Nouvelle-Orléans en 2005 est-il le révélateur de ce racisme environnemental ?

Ces inégalités environnementales s'inscrivent dans la durée. Et parfois, cette temporalité s'accélère, notamment lors des catastrophes naturelles. L'ouragan Katrina a été une expression extrêmement visible, y compris médiatiquement, du racisme environnemental. Les personnes âgées et les Noirs, issus majoritairement des classes populaires, ont particulièrement souffert au moment où l'ouragan a frappé, mais aussi dans la durée. Comme le montre Naomi Klein dans La Stratégie du choc, *Katrina a été l'occasion pour la municipalité de gentrifier le centre-ville, et d'empêcher le retour des populations noires pauvres.*

Le racisme environnemental existe-t-il en Europe et en France ? Sous quelles formes ?

La littérature sur cette question porte beaucoup sur le monde anglo-saxon. Du fait de la centralité de l'esclavage dans l'histoire des États-Unis, la problématique du racisme environnemental y tient une place plus forte que dans d'autres pays. Mais ces problèmes existent aussi en France sous des dénominations différentes. Par exemple, j'évoque dans le livre le cas du saturnisme, lié aux peintures dans les logements anciens dégradés qui ont souvent été habités par des immigrés africains subsahariens. Une étude statistique de 2012 sur la justice spatiale en France () révèle également que si la population étrangère d'une ville augmente de 1 %, il y a 29 % de chances en plus pour qu'un incinérateur à déchets, émetteur de différents types de pollutions comme les dioxines, soit installé. Les incinérateurs ont donc tendance à se trouver à proximité de quartiers populaires ou d'immigration récente, car les populations qui s'y trouvent ont une capacité moindre à se défendre face à l'installation par les autorités de ce genre de nuisances environnementales. Ou parce que les autorités préfèrent préserver les catégories aisées ou blanches de ces nuisances. Le cas de la Grèce montre aussi comment une crise économique peut se transformer en crise écologique. Là-bas comme ailleurs, se chauffer au fioul coûte beaucoup plus cher que de se chauffer au bois. La crise économique a accéléré les coupes illégales en Grèce et la déforestation. Dans le même temps, les licenciements des gardes forestiers du fait des mesures d'austérité ont accéléré indirectement la déforestation. Crise économique et crise écologique sont une seule et même crise.

B/ Autres considérations

Ce ne sont pas les lobbies qui manquent, en matière écologique, et plus largement dans un système qui tend fondamentalement à laisser les richesses aux mains d'une minorité. Chacun pressent comment les secteurs pétrolier, nucléaire et chimique imposent leurs intérêts auprès des consommateurs, et jusque dans les couloirs les plus sombres des administrations publiques. Lobbies, freins à l'innovation, dommages humains et écologiques plus que collatéraux... Le capitalisme et ses petits intérêts ne vont pas simplement à l'encontre de la logique économique, mais contre le développement et le progrès au sens large.

C'est ce qui ressort des articles que nous avons retranscrits, et des corrélations que nous avons relevées. Notons qu'à aucun moment nous n'avons mis en avant une corrélation, dans une zone économique donnée, qui trouvait son contraire dans une zone économique plus vaste. Tout simplement parce ce que le cas de l'inflation est, à notre connaissance, le seul où il y a 2 corrélations (de même intensité) contraires suivant la zone observée.

Évidemment, nous avons relevé les corrélations qui nous semblaient les plus significatives. Il y en a certaines qui allaient dans notre sens et que nous n'avons pas utilisées, parce qu'elles ne passaient pas le seuil de 0,2. Quelques-unes encore étaient nulles. C'est le cas des écarts de rémunération homme/femme, et du taux de suicide. Pour ce dernier, d'autres facteurs que l'inégalité de revenus semblent agir, comme la prégnance dans certains pays de la religion (qui condamne le suicide) et le taux d'ensoleillement (corrélation supérieure à 0,5).

En matière écologique, il y avait quelques indicateurs également qui n'allaient pas dans notre sens. Il y a les émissions de CO_2. Il y a aussi les espèces de poissons menacées (par million d'habitants). Mais nous avons montré que l'innovation et l'avenir éco-technologique tendait à graviter autour des pays les moins inégalitaires. Il y a aussi la question de la consommation d'électricité. Mais évidemment, tout le monde comprend que les pays de l'Europe du Nord et de l'Est consomment plus d'électricité – ou d'énergie en général - pour s'éclairer et se chauffer.

Nous avons choisi à chaque fois la zone économique qui nous semblait la plus pertinente, soit du point de vue de l'homogénéité économique, soit du point de vue statistique, les données disponibles n'étant pas aussi précises d'une zone à l'autre.

Il y a des corrélations enfin dont nous n'avons pas encore parlé, parce qu'elles sortent à première vue du cadre strictement économique et écologique, et qui pourtant complètent la tendance que nous avons dégagée.

Wilkinson et Pickett en ont déjà relevées quelques-unes. Il s'agit notamment de la sécurité, sujet ô combien sensible et plus lié qu'on le croit aux précédents (notamment à l'éducation).

La mesure de l'insécurité est généralement sujette

à caution, d'une part parce qu'elle dépend des politiques répressives et préventives mises en œuvre, d'autre part parce qu'il peut toujours y avoir un décalage entre la réalité, les infractions constatées et le sentiment d'insécurité.

Si l'on considère par contre le taux d'homicides volontaires (pour 100 000 personnes), qui est statistiquement plus objectif (parce que la police en a presque toujours connaissance) on constate – comme Wilkinson et Pickett - une corrélation avec l'inégalité.

Graphique 28 : corrélation taux d'homicides volontaires / inégalité de revenus dans l'Union européenne (2012)

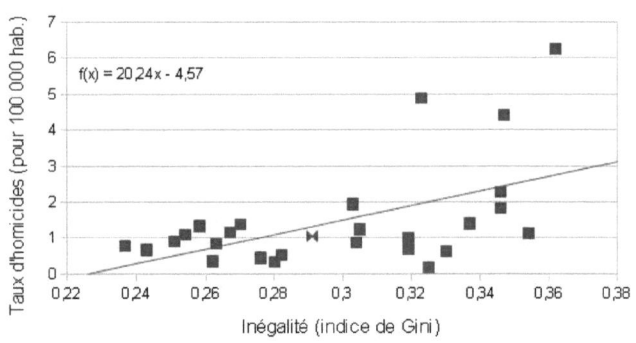

La tendance est lourde (0,52) et ne laisse aucune place au doute. Le Royaume-Uni, le Luxembourg et le Danemark obtiennent les « meilleurs » résultats, et la Lettonie, l'Estonie et la Lituanie les pires.

Si on élargit le cadre d'analyse, on obtient des résultats analogues. Si l'on prend par exemple 144 pays du monde de plus d'un million d'habitants (les mêmes pays que *Greenpeace* prend pour sa mesure de l'*empreinte écologique*) la corrélation est clairement avérée et atteint 0,49. C'est le Honduras qui a le taux le plus élevé (avec près d'1 homicide par an pour 1000 habitants).

En aval, le taux d'incarcération est moins objectif, parce qu'il dépend de l'idée que se font les pays du champ d'application et de l'utilité de la prison. Wilkinson et Picket ont néanmoins relevé une corrélation substantielle entre pays comparables. Elle est de de 0,46 dans l'*Union européenne* (graphique 30).

Au niveau mondial, les résultats sont moins nets, même si on note que les USA ont un taux d'incarcération 10 fois supérieur à celui du Danemark. En effet, dans les pays où le taux d'homicides est le plus élevé, le taux d'incarcération est paradoxalement assez faible. La raison est simple : l'administration pénitentiaire (infrastructures et personnels) coûte cher, surtout pour des pays pauvres (dont l'indice de Gini est globalement le même que les pays plus développés avant transferts sociaux).

Homicides, insécurité, incarcérations... à première vue on s'éloigne du sujet. Et pourtant tout est lié. On finira d'ailleurs par un indicateur qui en ces temps troublés permettra de jeter un regard nouveau sur la politique. Et notamment sur la percée du national-populisme en Europe (et ailleurs).

Le terme national-populisme résume selon nous bien les choses. « Nationalisme », parce que la question ne fait aucun doute. Et « populisme », parce que les partis en question veulent toujours donner l'impression d'aller contre le système, et d'être à l'écoute du peuple, sans jamais dire un mot sur ce qui constitue le fondement même du système, à savoir l'inégalité illimitée de revenus et de capitaux.

Tout dépend évidemment de ce qu'on fait rentrer dans la catégorie « national-populisme ». Sur cette question, nous renvoyons le lecteur à l'annexe 4, dans laquelle nous donnons les scores aux dernières élections européennes des partis que nous considérons comme devant rentrer dans cette catégorie. Chacun fera les corrections qu'il juge nécessaires.

Quelles que soient ces corrections, elles ne pourront toutefois pas remettre en cause les résultats que nous obtenons : il n'y a pas en Europe de corrélation entre national-populisme et inégalité de revenus, pour les dernières élections européennes :

Graphique 29: absence de corrélation national-populisme / inégalité de revenus dans l'Union européenne
(2014)

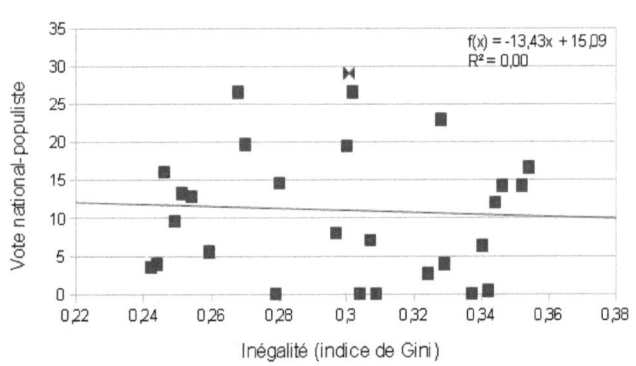

Pour le chômage (année 2013 retenue), la corrélation est même légèrement négative (0,2) :

Graphique 31 : absence de corrélation national-populisme / taux de chômage dans l'Union européenne (2014)

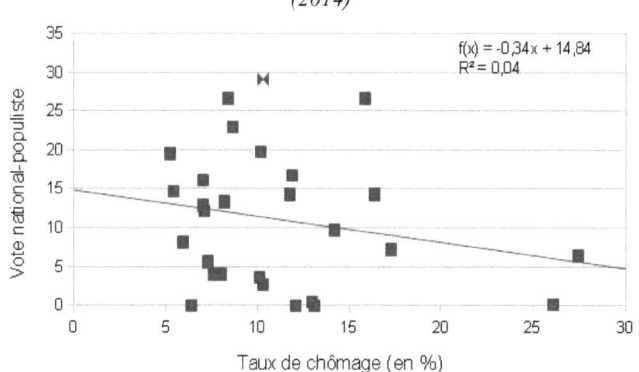

Évidemment, des particularismes locaux peuvent toujours gonfler les scores. Des zones économiques fragiles et l'instabilité du système peuvent grossir la tendance. Les changements climatiques (qui intensifie les flux migratoires) doivent aussi être pris en compte. L'instabilité politique mondiale enfin trouve sans doute son explication dans les inégalités de revenus, celles des pays exposés, et celle des pays qui s'ingèrent pour des raisons souvent pécuniaires. Reste que l'inégalité de revenus prise globalement ne peut pas à elle seule expliquer la montée du national-populisme.

Les exemples du Danemark et de l'Espagne à cet égard sont éloquents. Le Danemark est un des pays les plus égalitaires, avec un taux de chômage parmi les plus faibles, et le *Parti Populaire* - l'équivalent du *Front*

National en France - y fait 26,6 %. A l'inverse en Espagne, où ces indicateurs sont diamétralement opposés, le parti *Démocratie Nationale* ne recueille que 0,08 %.

L'explication ne se trouve pas non plus dans le taux de résidents étrangers non européens, comme on peut le voir sur le graphique 31, toujours pour les dernières élections européennes (la corrélation est négative à 0,14).

A la limite, on pourrait en dire autant des attentats terroristes, puisque l'Espagne, qui a connu un des pires attentats de l'Histoire (quand on rapporte le nombre de victimes à la population totale) se caractérise par un vote national-populiste très bas. Même chose pour l'Autriche, mais de manière inversée : il n'y a pas de terrorisme en Autriche, et le *Parti de la liberté* y fait 19,72 %.

Graphique 31: absence de corrélation national-populisme / pourcentage de résidents étrangers non européens (2014)

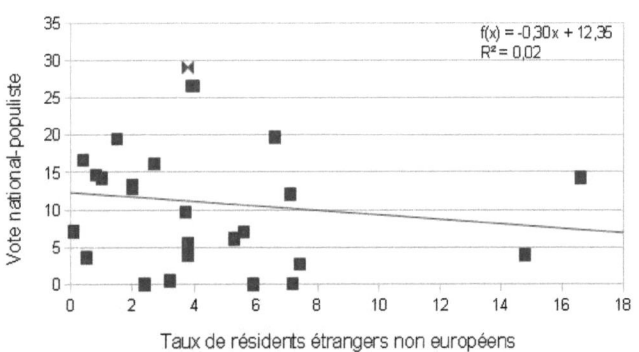

A quoi le national-populisme alors peut-il être lié ? A aucun des indicateurs dont nous avons parlé tout au long de cet ouvrage. Enfin presque.

Nous avons dit en effet qu'il y avait quelques indicateurs qui n'étaient pas corrélés à l'inégalité de revenus. Et parmi ceux-là il y a ce qu'*Eurostat* appelle l'écart de rémunération homme/femme. C'est çà l'indicateur le plus corrélé au national-populisme : l'inégalité homme/femme.

Graphique 32: corrélation national-populisme / écarts de rémunération homme-femme dans l'Union européenne (2014)

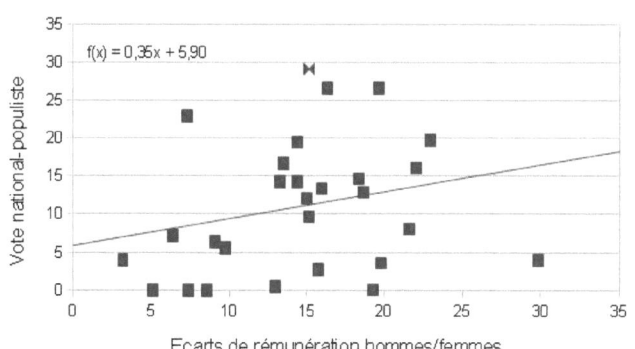

La corrélation n'est pas exceptionnelle (0,24) mais suffisante. D'autant que si on enlève les pays qui ont déjà connu un régime autoritaire depuis la fin de la Seconde Guerre Mondiale (la moitié des pays) la corrélation atteint 0,55.

A priori on ne voit pas le rapport. Et pourtant... Au Danemark et en France par exemple, où les scores du national-populisme sont les plus hauts d'Europe, les présidents des partis en question sont - ou ont été - des femmes. Et historiquement, les régimes autoritaires arrivent souvent au pouvoir après une guerre, c'est-à-dire après la disparition d'une grosse part de la population masculine, ce qui augmente la charge de travail et la pression sociale sur les femmes.

Le programme du *Front National* confirme cette hypothèse. La question de la femme y est traitée de manière très laconique. Hormis un passage sur les femmes militaires réservistes, un sur le logement des familles monoparentales et un dans la partie *Laïcité* (où il est dit d'ailleurs que les premières victimes de *l'idéologie différentialiste et multiculturelle* [...] *sont les hommes blancs hétérosexuels,* p. 105), l'essentiel de la question des femmes se trouve dans la partie *Famille* (qui fait 3 pages seulement sur les 106 que compte le programme).

Pour le *FN*, la question de la femme est donc claire, c'est celle de sa place au foyer. Mis à part un paragraphe sur les indemnités de retraite des mères et un sur l'avortement, le mot *femme* apparaît seulement 5 fois, dans 3 passages que nous donnons à lire ici :

L'INSEE a par ailleurs démontré que l'espérance de vie va continuer à augmenter pour atteindre en 2060 91 ans pour les femmes et de 86 ans [sic] *pour les hommes.*

D'après une étude de l'INSEE de 2009, il faudrait s'enorgueillir du taux de natalité en 2008 «jamais atteint en France», de 2,02 enfant par femme (dont 52% hors mariage); or, ces statistiques sont basées sur les «femmes accouchant en France». Si l'on ne prend en compte que les femmes de nationalité française,on tombe alors à un taux de fécondité de 1,8...

Défendre la structure familiale : institution irremplaçable, la famille représente le caractère central de la société, la famille doit se fonder exclusivement sur l'union d'un homme et d'une femme et accueillir des enfants nés d'un père et d'une mère.

Pas besoin de commentaires. Il n'y a rien sur l'écart de rémunération homme/femme, ou sur l'inégalité et le sexisme en général. On notera au passage que la partie où le mot *femme* apparaît le plus est – comme par hasard - celui sur la natalité par *femme française* (par opposition aux *femmes accouchant en France*)[14].

Un ensemble d'indices semblent donc confirmer l'analyse. Cependant, il il ne faudrait pas en conclure que lorsque les conditions de vie des femmes sont plus dures, elles se tournent nécessairement vers les partis extrêmes. On pourrait même dire, au vu des sondages publiés, qu'elles ont une plus grande résistance à ce genre de vote. La corrélation signifie que lorsque les conditions de vie des femmes sont plus dures, quand elles sont plus pauvres (notamment relativement aux hommes) cela se ressent dans les urnes. On pourrait dire, pour reprendre les conclusions de notre précédent ouvrage, que lorsque la pression de sélection sur la femme augmente, l'agressivité (plus ou moins larvée) de l'homme augmente. Que les sociétés ou les régimes les plus puritains et sexistes soient souvent bellicistes confirme notre analyse.

Le vrai fond de commerce du *Front National* (et des autres partis de ce genre) n'est donc pas tellement

---

14 Ce passage va dans le droit fil de la *théorie du grand remplacement*. Ce que le *FN* oublie de dire, c'est qu'en France entre 2000 et 2010 la mortalité des Français a augmenté de 1,67 %, alors que celle des personnes ayant une autre nationalité a augmenté de 8,6 %. Pour les nationaux des pays du Maghreb et d'Afrique, le chiffre atteint même 29,85 %. Quand on prend le lieu de naissance, le rapport est de 1,29/6,92/24,07. (*Statistiques d'état civil sur les décès en 2010,* INSEE).

le chômage ni la place des pays dans l'Europe, mais le sexisme et le mal-être des femmes. C'est pourquoi ils parlent souvent de questions économiques, parce qu'à la rigueur ils sont prêts à faire croire qu'ils peuvent faire mieux que les autres. Mais ils sont beaucoup moins disposés à s'exprimer sur la question de l'égalité homme-femme. Les rares fois où ils le font, c'est pour créer des amalgames et prendre des positions archaïques. A cet égard les déclarations récentes sur le planning familial, et les accointances avec des groupes et des individus notoirement sexistes et traditionalistes sont révélatrices.

RÉSUMÉ

Plus l'inégalité de revenus est marquée, plus l'impact sur l'Homme et la Nature est important. Les sociétés les plus égalitaires sont celles qui s'en sortent le mieux, en matière de santé, d'éducation, de sécurité ou d'adaptation aux impératifs écologiques. Le national-populisme lui semble plus particulièrement corrélé à l'écart de rémunération hommes-femmes.

CONCLUSION

1) Les faux semblants de la sociale-démocratie

Tout au long de cet ouvrage, nous avons montré les corrélations entre l'inégalité de revenus et les grands indicateurs économiques et sociaux. De fait, nous avons comparé les pays suivant leur *indice Gini* d'inégalité. Ce qui nous a permis de dégager des tendances.

Mais qu'on ne se méprenne pas. Tous les pays que nous avons pris en compte sont capitalistes. Il y a des milliardaires en Suède et en Norvège, comme il y en a aux USA ou en France. Dans aucun pays de l'*Union européenne* et de l'*OCDE*, il n'y a de limitation de revenus. Partout les capitaux sont concentrés entre quelques mains.

Cela veut dire que là où les indicateurs sociaux et écologiques sont bons pour les pays les moins inégalitaires, ils seraient encore meilleurs, si ces pays décidaient de mettre un terme plus radical à la cupidité, à la consommation ostentatoire et au règne de l'Argent.

De ce point de vue, la question des dépenses dites de *« Protection sociale »* (en % du PIB) est révélatrice. La P*rotection sociale* comprend la santé, le handicap, la vieillesse, la famille, le chômage, le logement et l'exclusion sociale. Elle constitue normalement - le cœur de la redistribution, et les dépenses sociales devaient logiquement être fortement corrélées (négativement) à l'inégalité. Or pour la période 2005-2012, la corrélation n'est que de 0,4 dans l'*Union européenne.*

Sur la même période, en France, la corrélation est même positive à 0,81. Pourquoi ? Parce que le modèle social-libéral français, s'il limite la casse, profite aussi quand même pour une bonne part aux ménages les plus riches. Et on ne parle pas ici de la fraude fiscale, qui coûte plus de 3 milliards € à l'État, contre 700 millions pour la fraude sociale[15]. Dans un article publié par l'*Observatoire des Inégalités* Louis Maurin écrit en effet[16] :

> *Les 10 % les plus riches ont perçu 56 milliards de revenus redistribués en 2011 (17 % de l'ensemble), alors que 17 milliards (5 % de l'ensemble) sont allés aux 10 % les plus pauvres, selon les calculs du Centre d'observation de la société, réalisés à partir des données de l'Insee. Notre système social coûte cher, mais ses dépenses bénéficient d'abord aux plus aisés, qui reçoivent trois fois plus que les plus pauvres. Certes, cette distribution est plus équitable que celle des revenus. Même après impôts et prestations, les 10 % du haut de la pyramide reçoivent sept fois plus que ceux du bas.*
>
> *L'explication de cette situation est assez simple. Notre modèle social redistribue un tiers du revenu disponible. D'abord via des prestations sociales (allocations logement, familiales, minima sociaux), pour l'essentiel sous condition de ressources qui bénéficient donc surtout aux pauvres. Elles évitent que des millions de familles se retrouvent à la rue avec leurs enfants. Encore ne faut-il pas exagérer leur poids. Ainsi, les seuls minima sociaux représentent 15 % du revenu disponible des 10 % les plus pauvres, ce qui représente moitié moins que ce qu'ils touchent en salaires.*
>
> *Mais cette protection comprend aussi* **des revenus de remplacement, qui sont proportionnels aux revenus qu'ils compensent. C'est le cas des indemnités journalières de maladie ou de maternité, mais surtout des retraites. Au total, les 10 % les plus riches ont perçu 52 milliards de*

---

15 *Le Monde.fr* article du 5 janvier 2015
16 *Protection sociale : pourquoi les plus riches touchent trois fois plus que les plus pauvres*, 29 avril 2015

pensions de retraites (21 % du total), contre 4,6 milliards (2 % du total) pour les plus démunis.

Ce qui est vrai pour les retraites l'est évidemment dans d'autres domaines, comme le chômage (les allocations peuvent dépasser 6000 € mensuels), l'éducation (les enfants de ménages riches monopolisent les grandes écoles), les ports de plaisance et les aéroports (les ménages aisés voyagent davantage), dans une certaine mesure la police (certains quartiers sont plus sécurisés), la justice (certains y sont moins exposés, en font leur profession, ont les avocats qu'ils veulent ou des places VIP en prison), dans une moindre mesure la Défense (quoique l'implantation géo-stratégique et la vente d'armements profitent aux propriétaires et aux dirigeants des entreprises concernées), les allocations logements, qui paient pour une bonne part les propriétaires privés (alors que le taux de propriétaires est inférieur à la moyenne européenne) et l'assurance santé (qui paie les médecins et l'industrie pharmaceutique).

Évidemment on dira que plus on cotise, plus on doit recevoir en échange. Mais alors ne parlons plus de redistribution. Mais tout au plus d'un système de mutuelles hybrides, que la pensée dominante fait idéologiquement payer très cher.

2) Le dépassement du système

Ceux qui se battent pour plus de justice et d'égalité sont souvent trop imprégnés des théories fumeuses sur la collectivisation forcée. La nationalisation et le service public doivent rester l'exception. Pas la règle. Le vrai socialisme, la vraie rupture, consisterait à plafonner les revenus. La socialisation (privée) des moyens de production viendrait alors d'elle-même, quand la majorité des ménages pourraient épargner.

La question évidemment est de savoir où fixer la limite. Le plafond doit être raisonnable. Il ne doit pas être trop haut, car il ne servirait à rien. Et il ne doit pas être trop bas non plus, car la perfection n'étant pas de ce monde, il faut bien une échelle de revenus.

Pour la France, si on prend la répartition des revenus nets moyens, on peut chercher à tracer une droite qui part du 35ème centile (le SMIC à temps plein) jusqu'à une limite raisonnable des revenus, de telle sorte que la masse de revenus qui passe au-dessus de la limite comble globalement le manque à gagner des classes moyennes.

Graphique 33 : où fixer la limite ?

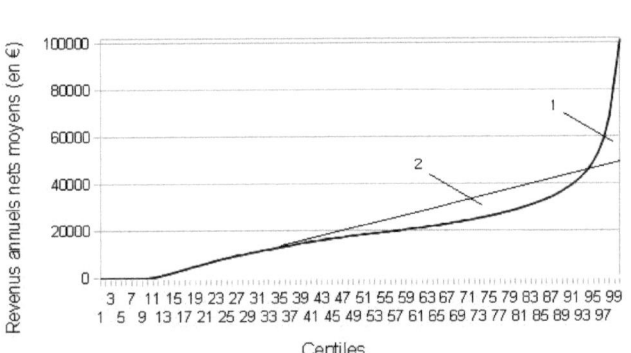

On le voit la masse de revenus de la zone *1* (en haut à droite de la tangente) comble une bonne part du manque à gagner de la zone *2* (compris entre le 35ème centile et le 93éme). Ce qui permettrait une échelle et une répartition des revenus beaucoup plus progressive. La limite se situe à 50 000 € nets par individu et par an (soit 3,2 millions € / individu et / vie)[17].

.Si on instaure une telle limite, et si les entreprises ne reportent pas les revenus dégagés dans l'Investissement et la Recherche, on se retrouve avec une rentrée fiscale supplémentaire de 55 milliards € minimum (66 milliards si on prend en compte les revenus nets moyens). C'est plus que le budget de la Défense française, la première puissance militaire européenne. Plus du tiers du budget de l'Éducation Nationale. Et le double du *Crédit d'Impôt Compétitivité Emploi,* dont l'utilisation a été détournée, sans surprise, de ses objectifs premiers[18].

Dans un premier temps on peut diminuer la TVA d'environ 5 points, ou redistribuer uniformément la somme du 35ème centile au 89éme (soit environ 1 800 € en plus par individu et par an) pour creuser l'écart entre les revenus d'assistance et les revenus du travail (sans toucher aux premiers), et relancer le pouvoir d'achat et les capacités d'épargne.

Une telle restitution donne sans surprise une Courbe de Lorenz et un indice de Gini plus égalitaires.

---

17 A 50 000 € nets d'impôts nationaux et locaux, moins de 7 % des individus imposables voient leurs revenus diminuer (pour garder une progressivité du 94ème au 99ème centile).
18 *CICE : où sont passés les 25 milliards*, 30 septembre 2015, L. PEILLON pour *Libération*

Graphique 36 : courbes de Lorenz avant / et après limitation de revenus en France

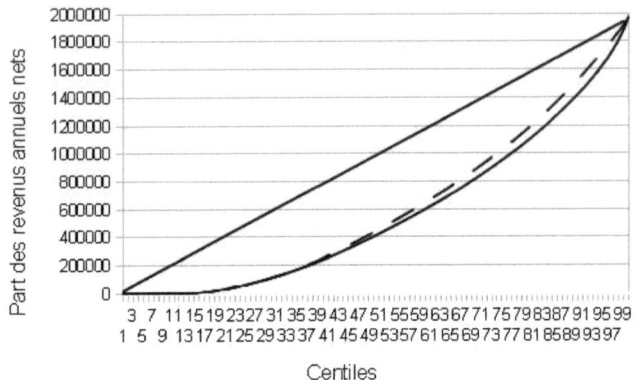

Lecture du graphique : la droite représente l'égalité de revenus parfaite. La courbe en continue représente la répartition actuelle, et la courbe en pointillé la répartition après limitation de revenus et restitution.

Une limite à 10 000 € mensuels serait peut-être socialement plus acceptable, mais diminuerait les capacités d'intervention de l'État. Il pourrait y avoir d'ailleurs des aménagements, pour les carrières courtes. L'accent pourrait être mis sur la Recherche et l'Éducation, à condition de changer en profondeur les programmes. Un effort peut être fait pour lutter contre le terrorisme, accélérer la transition écologique, et diminuer l'inégalité hommes-femmes. La France enfin se situant dans la moyenne en termes d'inégalité, la limite aurait toutes les chances de se réaliser pleinement à une échelle supra-nationale, dans l'*Union européenne*.

La fin du capitalisme serait un formidable

message d'espoir. Qui pourrait être pris en exemple, et pacifier à long terme les régions les plus instables. La pression sociale et écologique diminuant, les gens seront plus enclins à aider les associations caritatives et humanitaires. De vrais développements à l'extérieur, avec des normes sociales et l'emploi du capital humain du pays d'accueil, se substitueraient peu à peu aux délocalisations.

Tout cela ne pourra se faire que si les individus prennent conscience qu'il ne s'agit pas ici de charité ou de générosité, mais bien de justice et d'efficacité. Rien ne serait pire que de laisser entendre que le système économique, social et écologique actuel est méritocratique[19].

---

[19] Si la manière forte de changer les choses (la limitation de revenus) fait peur à tout le monde, il y a la manière souple : défiscaliser ces entreprises les plus égalitaires et écologiques Avec le temps, elles absorberaient les autres. Parce qu'il n'y a pas d'effet d'aubaine quand le capital est socialisé et que les intentions sont bonnes. D'ailleurs si l'impôt est là pour corriger les méfaits du marché, on ne voit pas pourquoi les sociétés où l'écart de revenus et de capital est raisonnable, et qui respectent la planète devraient payer comme les autres. Les écologistes parlent toujours du principe de "pollueur-payeur", qui finit toujours par augmenter le taux de prélèvement. Pourquoi ne pas parler du principe 'non pollueur-non payeur", qui n'est pas punitif mais incitatif. Ces coopératives sont de toute façon tellement rares aujourd'hui que çà ne creuserait pas le déficit. Et avec le temps, avec deux fois plus de moyens (puisque défiscalisées hors retraites) et donc des capacités d'investissement et des prix attractifs, elles gagneraient des parts de marché. Jusqu'à représenter la règle, et non plus l'exception.

COMPLEMENTS

1) Sur « l'inégalité naturelle »

Vous résumez, par votre seul commentaire, ce qui sous-tend toute la pensée dominante actuelle. Maintenant, si l'inégalité est si naturelle, comment expliquez-vous que :
1. Il n'y a quasiment pas d'inégalité sociale chez nos ancêtres chasseurs-cueilleurs, sachant que leur temps de travail n'excède pas 4 h par jour en moyenne (cf. Marshall Sahlins "Age de pierre, âge d'abondance").
2. Dans la nature, l'inégalité n'est pas statique, mais élastique à la pression de sélection : plus une espèce est évoluée - moins elle subit son environnement - et moins l'inégalité et la sélection sont fortes (cf. la différence entre le chimpanzé et le bonobo). D'ailleurs, comme le fait remarquer Michel Veuille ("La sociobiologie") "contrairement à l'intuition commune, la théorie de la sélection naturelle ne prédit pas, à l'échelle d'une génération, de variation sélective spectaculaire". La plupart des espèces - pour ne pas dire toutes - sont ce qu'elles sont depuis des milliers d'années. Comme l'homme moderne, qui n'a pas évolué biologiquement - hors systèmes immunitaires - depuis plus de 100 000 ans. Lors de la dernière grande extinction d'espèces, les dinosaures supposés "plus aptes" que leurs congénères sont d'ailleurs morts comme les autres. Comme quoi, il y a bien un plancher et un plafond de pression de sélection intraspécifique (au sein d'une même espèce). Pour finir, il existe de nombreux cas de mutualités chez les animaux, et les rapports de hiérarchie - aux intensités variables - s'expliquent pour l'essentiel par la maturité (cf. le dos argenté chez le gorille, les bois du cerf, le disque facial

chez l'orang outan etc.).
Bref, renseignez-vous avant de balancer des lieux communs. Rien, dans la nature, ne justifie l'inégalité actuelle.

2) Tels qu'en eux-mêmes l'éternité les change

« Les Français ont un problème avec la réussite et l'argent »... « Il n'y a qu'en France qu'on voit çà »... « En France, il y a un racisme contre les riches et la réussite »...

Qui n'a jamais entendu ces phrases ? La question peut paraître banale, mais n'en est pas moins symptomatique. Pourtant, cela ne colle pas à la réalité. En effet, la suite logique du problème supposé des Français avec l'argent, serait que la France se classe parmi les pays les plus égalitaires au monde. Or, si on est évidemment plus redistributif que le Brésil ou les USA, on l'est moins que pas mal de pays en Europe. En termes d'égalité de revenus, la France est seulement 13 éme sur 27, et en matière de redistribution (après impôts) on est 10ème (cf Eurostat). Donc il y a, en Europe, au moins une dizaine de pays qui ont a priori un plus gros « problème » que nous avec l'argent. Et pourtant, ils ne s'en sortent pas plus mal. Mais passons. Ce qu'il y a derrière cette idée selon laquelle nous aurions un problème avec l'argent, c'est que cette aversion serait extravagante. Quand un chroniqueur ou un politicien dit çà, il sous-entend en effet que c'est anormal. Pas naturel si vous voulez, puisque contraire à ce que font tous les autres.

Évidemment, s'en prendre personnellement et ad

nominem à telle ou telle personne – même si elle gagne beaucoup plus que les autres - est stérile. Le marché du livre regorge d'auteurs et de textes – parfois bien documentés – qui font le procès d'individus, sans que cela ait jamais permis de régler le problème dans son ensemble. Ça n'est pas la même chose, par exemple, de dire que la concentration de plus de 50 % des capitaux entre les mains de moins de 10 % de la population est problématique, et de vouloir sans cesse faire le procès des individus qui composent cette fraction de la population. Mais quand certains disent que « les Français ont un problème avec la réussite et l'argent », ils ne pointent pas du doigt le caractère stérile et malsain des attaques personnelles, ils disent carrément qu'il n'y a aucune raison d'avoir un problème avec l'inégalité, que personne d'autres que nous n'en a, et n'en a jamais eu. Bref, comme je le disais, ils ne disent ni plus ni moins que : « ce n'est pas naturel ». Ou si vous préférez, que l'inégalité actuelle est naturelle.

Les libéraux ont la passion de ce qui – du moins à leurs yeux – est naturel. Évidemment, comme çà, au débotté, le marché est beaucoup plus simple et naturel que le Léviathan de l'Ancien Régime et du bloc communiste. M. Minc est même d'ailleurs allé jusqu'à dire un jour que le marché était l'état de nature de l'humanité, et qu'il n'y en avait jamais eu d'autres. Il fallait oser quand même.

Pour ceux qui ont déjà passé des concours, ils savent que pour l'épreuve de « culture générale », il est fortement déconseillé de commencer leur rédaction par « à l'origine » ou « depuis les premiers temps les hommes etc. ». Je n'irai pas jusqu'à dire que de telles prescriptions sont symptomatiques, mais elles sont pour le moins complètement contre-intuitives. Car après tout, si des citoyens éprouvent le besoin de revenir aux origines, d'aller à la racine des problèmes, je ne vois pas où est le mal. Des faiseurs d'opinion beaucoup moins bien intentionnés passent leur temps à se référer à des passés plus ou moins douteux - qu'ils font toujours partir de l'époque qui les arrangent - sans que personne ne s'en offusque. Quitte à démêler le fil de l'histoire de l'Humanité, autant remonter, comme ferait un enquêteur sur la scène d'un crime, aussi loin que possible. Pas la peine de s'arrêter, par exemple, à Clovis juste parce qu'il est le premier roi franc chrétien. Sachant que ce qui caractérisait les Francs, c'était tout autant la guerre et la loi salique que le rapprochement avec la papauté.

Essayons de voir si nos plus anciens ancêtres, ceux qui s'étaient le moins éloignés de l'état de nature, de l'ordre naturel des choses si l'on peut dire, avaient, ou non, un problème avec l'inégalité, la réussite et l'argent. Attention, il ne s'agit pas ici de faire l'apologie de la nature – par opposition à la culture – mais de mieux dessiner les contours de la nature humaine. De prendre du recul en quelque sorte, de dézoomer.

On a trop souvent reproché à Rousseau d'avoir fantasmé l'état de nature qu'il décrit dans son second discours. Pourtant, avec les matériaux dont il disposait à l'époque, son ouvrage est très documenté et structuré. Aujourd'hui, la somme de données, qu'elles soient biologiques ou ethnographiques, est énorme. En ethnographie, elle ne sera d'ailleurs jamais plus importante qu'elle n'est aujourd'hui, puisque, comme chacun sait, les peuples les plus primitifs – les chasseurs-cueilleurs nomades - ont presque tous disparu. Et les rares qui subsistent sont enclavés voire acculturés. Que révèlent ces données dans leurs grandes lignes ? Que l'homme n'a pas toujours été un loup pour l'homme. Et que même si, aujourd'hui, les Français étaient les seuls à voir d'un mauvais œil la violence et l'inégalité, à l'échelle de l'histoire de l'humanité, ils seraient loin d'être un cas isolé.

    Comme le fait en effet remarquer le regretté Alain Testart, tous les observateurs qui ont séjourné chez les peuples de chasseurs-cueilleurs nomades « ont été frappés par le fait que les produits de la chasse et de la cueillette étaient partagés entre tous, ou du moins étaient l'objet d'une large distribution. » Il remarque également que chez les Bushmen, en « raison de l'échange des flèches, le prestige de la distribution ne retombe pas nécessairement sur le chasseur ; en dépit de cela, comme tous savent qui a réussi à tuer la bête, et pour éviter qu'il n'en tire orgueil, il existe une conduite sociale systématique qui consiste à rallier le chasseur et à se moquer de l'insignifiance de sa prise, ce à quoi le chasseur doit d'ailleurs répondre avec modestie en dénigrant la valeur de sa prise. […] Chez les Agta des Philippines, à l'exception de l'arc, des flèches et des chiens [que tout à chacun possède] les objets sont partagés librement et fréquemment avec ceux qui en ont besoin. Enfin, chez les Aborigènes australiens du Victoria, lorsqu'un chasseur rapporte du gibier au camp, il abandonne tout droit à son sujet, il doit se tenir à l'écart et voir les meilleures parts distribuées aux autres, pour se contenter des moins bonnes..."

3) Sur la vidéo de *Nada Info* intitulée *Les zélés du désir* avec Frédéric Lordon (9 mars 2016)

Entretien intéressant. Juste une remarque : la schizophrénie du consommateur / salarié (le salarié peu payé il faut le préciser = il y a des salariés millionnaires) n'est pas totalement consommée : 10 % de la population seulement en France détient plus de 50 % des richesses. Autrement dit, celui qui appuie sur le bouton, celui qui commande (qui consomme le travail des autres en tant que propriétaire du capital et des revenus), sans contrepartie ni contre-pouvoirs, ce n'est pas toujours - et c'est même rarement - M. tout le monde. Par contre, l'idéologie dominante de la marchandisation de l'être humain (le floutage entre l'homme et la marchandise) impacte tous les esprits. Là où j'irai plus loin, c'est pour dire que la liquidité finale des êtres humains n'est en définitive que la forme la plus pratique, pour le consommateur-roi de se faire obéir : la marchandisation n'est pas seulement une réification, une "chosification" (beaucoup de marchandises étant de plus en plus immatérielles). La marchandise ultime, c'est le marché, l'inégalité illimitée de revenus et de capitaux. Le fétiche ultime du marché c'est lui-même : la possibilité (reconnue et de plus en plus exclusive) de se faire obéir au doigt et à l'œil, sans que les autres n'aient rien à dire, ou même sans qu'ils s'en rendent compte. La marchandisation de l'Homme, çà n'est ni plus ni moins que çà : la sacralisation de l'inégalité illimitée, le renversement complet de la définition même d'Humanité : une Humanité vidée de son substrat, de son essence.

4) Sur la *loi El Khomri* (11 mars 2016)

Curieuse façon de simplifier un code que de le grossir de plusieurs pages. Je ne sais pas si les patrons sont *"méchants"* (je ne les connais pas tous), ce que je sais c'est que ce mot (de patron) ne veut pas dire grand chose. Comme celui de salariés d'ailleurs. Il y a des entrepreneurs qui n'arrivent pas à joindre les deux bouts, et des salariés qui sont millionnaires (ce qui fausse les statistiques d'évolution des salaires par rapport au capital). Ce découpage binaire et politicien est détestable : c'est une facilité de langage, faite pour brosser les artisans dans le sens du poil, et leur faire vivre par procuration le monde enchanté des grands bourgeois. A partir du moment où le système rend possible l'enrichissement sans limite, et que cette appropriation illimitée est érigée en dogme, on ne doit pas se faire d'illusion sur les objectifs et la moralité de ceux qui sont mis en situation d'en profiter. Les choses peuvent toujours aller par degrés, et le désir effréné d'argent (de position sociale et de capacité à commander le travail des autres) peut mettre un certain temps à se faire sentir, mais rien dans le fond n'empêche à terme l'addiction. Quand 10 % des individus détiennent plus de 50 % des capitaux (et qu'ils n'en ont jamais assez), quand l'instabilité économique (de la demande, de la croissance, de l'inflation etc.) et donc les risques de licenciement sont fondamentalement liés à l'inégalité, le moins que l'on puisse faire, c'est de se demander à quel point la novlangue orwellienne n'est pas en train d'infester tout le débat public : un texte qui veut ménager les taux de marge et affirme la suprématie des accords d'entreprise est une "loi travail", augmenter le temps de travail c'est l'assouplir, le dialogue social et les jugements prud'homaux sont "paritaires" parce qu'ils se décident à une voix par classe sociale - réelle ou espérée - et c'est en donnant toujours plus aux grosses entreprises (qui sont la propriété d'une petite minorité) qu'on améliore la vie - ou la survie - de tous les autres. Bref, *la guerre c'est la paix*, et *l'inégalité c'est l'harmonie*.

5) Sur les revenus de Carlos Tavares, PDG de *PSA* (mars 2016)

Carlos Tavares va toucher plus de 5 millions € cette année. Soit l'équivalent de 14 500 € par jour.

Les idéologues du *Medef* s'effarouchent comme des pucelles, quand on leur dit que c'est absurde. *Non le salaire n'a pas été doublé, il n'augmentera que plus tard.* Oui mais bon, il augmentera quand même, alors qu'il était déjà indécent à la base. *Il est indexé à la performance de l'entreprise.* Oui c'est çà, enfin pas sur le cours de l'action, puisque depuis 2014 (date d'entrée de Tavares en tant que PDG), l'action a augmenté 2 fois moins que le salaire en question. *L"entreprise compte plus de 150 000 salariés*. Et alors, plus une entreprise est grande, plus les salariés doivent engraisser leurs cadres ? *Tout çà s'est fait dans la transparence.* On s'en fout. Il y a plein de choses immorales qui se font dans la transparence en ce bas monde. Et qu'est-ce que çà change ? Rien du tout. *Ses homologues du CAC 40 gagnent plus que lui*. Grand bien leur fasse. Au moins çà prouve que les sociopathes ne sont pas si malheureux que çà en France. *Tavares a redressé l'entreprise*. Ah bon ? De deux choses l'une, soit ses prédécesseurs sont des baltringues, et ils doivent rendre l'argent. Soit son prétendu plan de redressement (il faut dire *Back in race* çà fait plus branchouille) est une farce : aides de l'Etat (et donc des contribuables) à hauteur de 800 millions, licenciement de milliers de salariés, augmentation de la sous-traitance (qui a encore moins son mot à dire que les salariés de l'entreprise) etc.

C'est toujours la même musique : le système ne pose aucune limite, tout çà joue sur la visibilité, la confiance, l'emploi, les déficits, l'innovation, la santé et l'écologie. Et puis un mec se lève le matin, il se gratte les couilles et se dit *tiens je vais faire un petit back in race aujourd'hui*. Le lendemain les salariés sont licenciés, les propriétaires se frottent les mains, et 2 ans après il demande sa petite prime de 2 millions parce que l'entreprise - ô miracle - fait des bénéfices. C'est sûr que dans le capitalisme faire des bénéfices çà tient presque du miracle. Enfin pas du miracle social.

Ces derniers temps, on entend beaucoup parler de Démocratie, de République, de Libertés. Mais les 150 000 salariés de *PSA* on le sait n'ont pas eu voix au chapitre. Et ils ne l'auront jamais. Dialogue social ou pas d'ailleurs. Il paraît qu'il ne faut pas s'inquiéter : les 2 représentants de l'Etat au conseil d'administration de PSA ont voté contre l'augmentation de Tavares. Tout va bien...

6) Oyez oyez braves gens (6 avril 2016)

Les manifestations des jeunes sont pavloviennes (Ruth Elkrief et Yves Thréard)
Les jeunes doivent comprendre que quand on a un diplôme, on a un travail (Jean-Claude Dassier)

Myriam El Khomri a repris du poil de la bête depuis les manifestations (Anna Cabanna et David Revault d'Allones)

Voici quelques-unes des fadaises que les *GO* du *Club Capital*, avec un petit sourire à la commissure des lèvres, enfilent comme des perles dans les talk show à la mode. Dommage qu'ils ne soient pas aussi bravaches dans leurs affirmations, ni aussi raffinés dans la manifestation de leur plaisir, quand il s'agit de s'en prendre à la question de l'évasion fiscale de leurs propres actionnaires (Patrick Drahi pour *BFM-tv*) ou à la violation de la liberté d'information (Vincent Bolloré pour *Canal +* et *I-télé)*. Ce qui est sûr, c'est que Bernays et Chomsky (et leurs théories sur la manipulation des masses) n'ont plus de secret pour eux. Par contre ils devraient relire La Boétie, et son *Discours sur la servitude volontaire.*

Une poignée de déséquilibrés brûlent l'Argent et la planète, la France et l'Europe ne sont que défiance et instabilité, mais Myriam El Khomri et ses conseillers ont la solution : ils vont gonfler le compte personnel d'activité. Çà va calmer tout le monde... Lénine avait dit *Le socialisme c'est les Soviets plus l'électricité*. Mais maintenant on sait : le socialisme c'est la rue de Solférino, et les lois Macron et El Khomri. Et deux ou trois autres trucs putassiers.

Dans notre précédent article, nous avons montré que l'augmentation du temps de travail ne permettait pas, au niveau de l'*Union européenne*, de doper la croissance ou d'améliorer la compétitivité. Evidemment, il y en a toujours pour trouver des chicanes, et dire que si on prend le cas isolé de la France, on trouve des corrélations – très - légèrement positives (respectivement 0,2 et 0,16). La raison est simple : ce n'est pas l'augmentation du temps de travail qui permet de doper la croissance, mais quand il y a un peu de croissance, le temps de travail moyen peut avoir tendance à augmenter. Au reste, les 2 corrélations sont insignifiantes, comme les variations du temps de travail sur la période en question (entre 40,5 et 41,2 heures hebdomadaires).

Maintenant, s'il faut prendre les choses par le petit bout de la lorgnette – isoler la France du reste des résultats européens – on trouve des corrélations importantes qui battent en brèche les poncifs libéraux et du *Parti Socialiste* sur le sujet. Le taux de chômage, par exemple, est clairement corrélé à l'inégalité de revenus sur le moyen terme (corrélation de 0,41/1 entre 2005 et 2014).

Les raisons sont simples. Inégalité illimitée de revenus = concentration de l'épargne, de l'offre et des capitaux = arbitraire des cours boursiers, des embauches, des délocalisations et des stratégies = instabilité et congestion de la croissance et de la demande = externalités négatives (morbidité, insécurité et biocides) = placebos et impostures politiques = inégalité illimitée de revenus = concentration de l'épargne etc.etc.

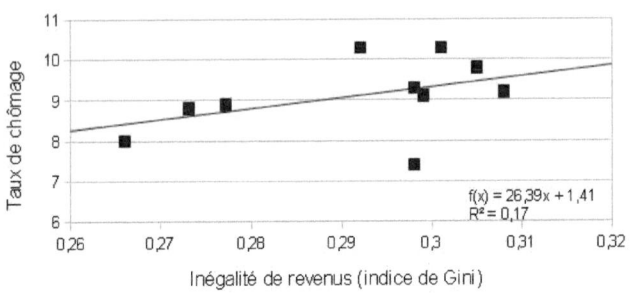

Du strict point de vue de la congestion de la demande, le rapport du Sénat n° 169 -2008-2009 (*La relation entre consommation des ménages et importations : relancer la consommation pour relancer la croissance ?*) est édifiant : les marchandises importées qui ont le plus fort taux de pénétration en France sont – en dehors des énergies fossiles - les produits de l'habillement, de l'électroménager et de l'automobile. Et surtout la propension à consommer ces marchandises importées augmente avec les revenus : autrement dit, la moitié la plus riche des ménages français consomme plus de produits étrangers que l'autre (les 20 % les plus pauvres notamment en consomment 30 % de moins que les 10 % les plus riches). De quoi chambouler le présentateur du 20 h sur *TF1*, qui déclarait encore il y a peu qu'on ne pouvait pas augmenter la demande et le pouvoir d'achat des Français, parce qu'ils allaient consommer étranger.

Si on affinait l'étude du Sénat, on verrait peut-être que les ménages les plus riches consomment aussi moins de produits européens. Leurs jets, leurs résidences, leurs vacances et leurs yachts sont-ils produits et consommés en Europe ? Rien n'est moins sûr. Pour eux, peu importe le réchauffement climatique, les murmures du peuple ou l'espoir citoyen. Le riche n'a qu'une patrie, celle de l'Argent. Du moment qu'il occupe son rang, après lui le déluge. De toute façon, il trouve toujours des valets, des bouffons et des marquis pour se presser autour de lui et lui téter la mamelle. La volaille « socialiste » ne fait rien d'autre. Et pas seulement quand elle pond le *CICE* ou la loi travail.

7) Sur Juppé et la Droite (15 juin 2016)

Après des siècles de luttes et de combats, les idéologues libéraux et la droite n'ont désormais plus qu'une main à jouer. Et ils vont faire tapis. Avec une poubelle. En poker, on appelle çà le jeu *loose aggressive* : on bluffe l'adversaire, en espérant qu'il se couche.

Leur dernière carte s'appelle Juppé, actuel maire de Bordeaux Juppé est passé sur *TF1* dimanche dernier, avec Mme Verdier-Molinié. J'imagine qu'ils ont refait le monde. Dans *Le Zapping* de lundi, on y voit Gilles Bouleau dire aux deux invités un peu largués que *Facebook* vient de publier le *word cloud* (littéralement le "nuage de mots") de son réseau. Et les mots *impôts* et *emploi* se détachent apparemment du lot. En gros, pour celui qui n'aurait pas compris, la bonne vieille rengaine du "trop d'impôts tue l'impôt" (et l'emploi) est encore à l'ordre du jour.

Le problème, c'est que les chiffres ne confirment pas cette thèse. Moins d'impôts ne veut pas nécessairement dire plus d'emplois. Çà serait même plutôt l'inverse. Dans l'*Union européenne*, sur la décennie 2005-2014, on voit clairement (hors Croatie) que plus de recettes publiques limite la casse en matière d'emploi. La corrélation est de 0,22 sur 1.

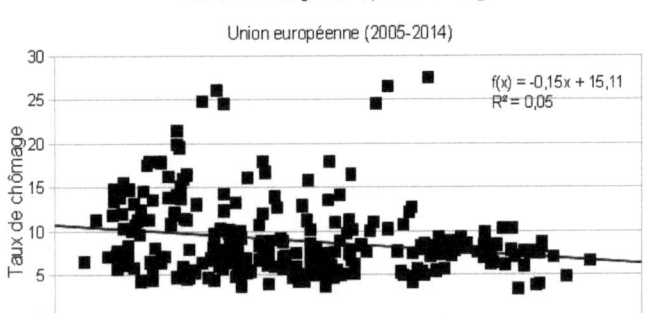

Encore plus fort, plus de régulation sociale et fiscale n'entrave pas la compétitivité. Loin de là. La corrélation taux d'imposition (recettes publiques) / balance des comptes courants est même positive à 0,46.

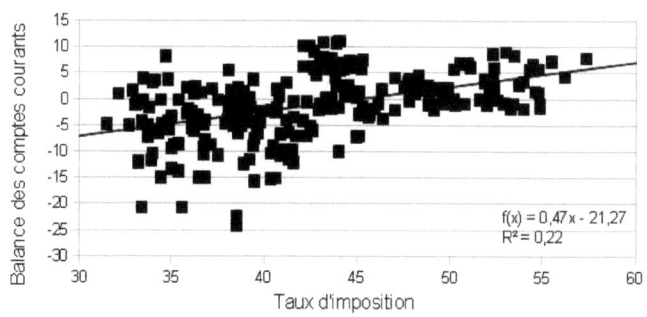

Corrélation positive impôts / compétitivité
Union européenne (2005-2014)

Bien sûr il faudrait affiner l'analyse. Il s'agit d'une tendance. Plus d'impôts ne veut pas dire nécessairement plus de régulation et de justice sociale. Le cas de la France à ce titre est éloquent. La corrélation taux d'imposition / inégalité y est positive (0,36) sur la période 2005-2014 : autrement dit, les variations fiscales à la française n'ont jamais permis de rendre l'impôt plus juste (et donc plus efficace).

De mauvais impôts peuvent toujours tuer l'impôt, mais c'est l'absence de limite réelle à l'inégalité qui tue l'emploi, et ce qui devrait normalement faire le lien social. Ce n'est pas comparer à la louche 2 ou 3 pays triés sur le volet qui y changera quoi que ce soit.

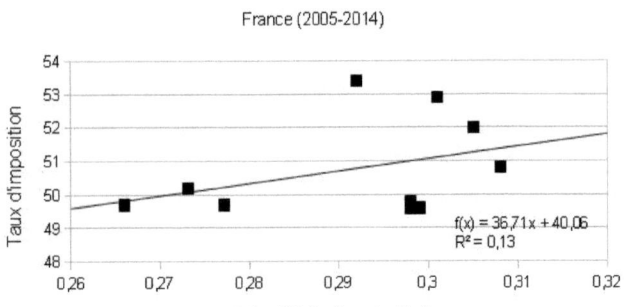

Au passage, notons qu'avec Sarkozy (entre 2008 et 2012) le taux d'imposition a augmenté de 4.41 %, alors que dans l'*Union européenne* la hausse moyenne n'a été que de 2.49 %. Sur la même période la corrélation taux d'imposition / inégalité est même presque totalement positive à 0.95 !

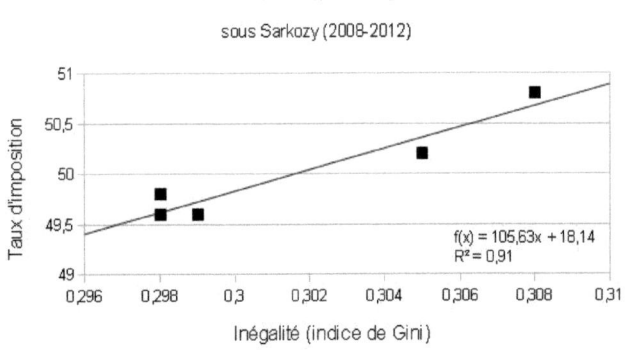

Il y a une pub qui dit qu'au poker, ce qui compte ce n'est pas les cartes qu'on a, mais la façon dont on les joue. Oui enfin jusqu'à un certain point. Si le *board* dit autre chose que ce que vous voulez, à la fin vous risquez de perdre le peu de jetons qu'il vous restait.

8) Philosophie

Peigner (ou branler) la girafe : expression signifiant faire quelque chose d'inutile, perdre son temps.

Les lycéens viennent de passer l'épreuve de philosophie. Et comme chaque année, les médias n'ont pas manqué d'évoquer les questions qui ont été posées. Comme celle qui semblait faire écho à l'actualité :*"Travailler moins, est-ce vivre mieux ?"*

La vraie question est : si Socrate et ses successeurs avaient disposé des outils statistiques dont on dispose aujourd'hui, auraient-ils cherché dans des généralités abstraites les réponses aux angoisses de leurs contemporains ?

Certes, la philosophie (littéralement l'amour de la sagesse) est intéressante en ce sens qu'elle permet de prendre du recul. En laissant une place importante au doute, à la nuance et aux questionnements, elle apprend à se méfier des certitudes éphémères et des autoritarismes qui les alimentent.

Maintenant il ne faudrait pas se leurrer. Les hommes n'ont pas attendu Socrate, Descartes ou Hegel – ou même l'apparition de l'écriture - pour être curieux et rationnels. Dire le contraire, c'est admettre à la base l'idée d'une nature humaine viciée. Ceci expliquant cela, les maîtres à penser des salons et des médias à la mode oublient souvent que le peuple se passerait bien plus volontiers de leurs gloires et de leurs doutes personnels, qu'ils ne se passeraient eux-mêmes du peuple et d'un système injuste de répartition.

Comme dit un autre philosophe, l'iniquité ne plaît qu'autant qu'on en profite. Et ce que l'on croit savoir nuit souvent plus que ce que l'on ignore. En gavant les jeunes générations de références, de richesses et de connaissances superflues, croient-ils seulement en faire des citoyens capables de se sevrer des différentes formes de servitude ? Ou cela fait-il partie d'un plus grand plan de reproduction et de conservation du système ? Il est quand même étrange qu'après tout ce temps passé à rabâcher toutes ces maximes sublimes sur la sagesse et la liberté, les individus soient autant exposés à l'arbitraire des forces de l'Argent et à la montée des extrémismes. La question n'est pas seulement celle de la démocratisation de l'enseignement – les élites bourgeoises, populistes et médiatiques suivent grosso modo le même cursus scolaire - mais bien celle de la vulgarisation d'une certaine forme de pensée et de lâcheté dominantes.

"Travailler moins, est-ce vivre mieux ?" Si l'on posait la question différemment, et qu'on cherchait par exemple les conséquences de l'augmentation du temps de travail sur les grands indicateurs sanitaires et sociaux, peut-être perdrait-on moins son temps. L'approche, en plus d'être pragmatique, n'en serait pas moins philosophique, puisqu'elle s'appuierait sur des fondamentaux et focaliserait l'attention sur ce qui est bon ou mauvais pour l'individu et la collectivité.

Remarque préliminaire : à moins de faire comme Diogène, et de vivre dans un tonneau, un acte ou un comportement – ici travailler – ne peut être isolé du reste des activités humaines, et n'a d'intérêt pour le bien-être des individus que dans la mesure où il n'est pas menacé à plus ou moins long terme par des méthodes contraires. En d'autres termes, dans un monde relativement peu harmonisé et centré sur la concurrence, se demander si le travail peut ou non faire le bonheur, c'est aussi se demander au préalable si une diminution – ou une augmentation – globale du temps de travail ne constitue pas à terme un frein à la compétitivité et à la pérennité d'une société. La réponse à cette question est claire, et ne souffre aucune ambiguïté. La hausse du temps de travail est corrélée négativement – inversement proportionnelle – à la compétitivité (à la balance des comptes courants). Dans l'*Union européenne* par exemple, la deuxième puissance économique mondiale, la corrélation est négative à 0.28.

Cette remarque préliminaire étant faite, on peut s'attacher maintenant à des indicateurs moins strictement économiques. Comme l'espérance de vie en bonne santé après 65 ans. Or on observe que cet indicateur est lui aussi corrélé négativement à l'augmentation du temps de travail : autrement dit plus on travaille, plus l'espérance de vie en question a tendance à diminuer.

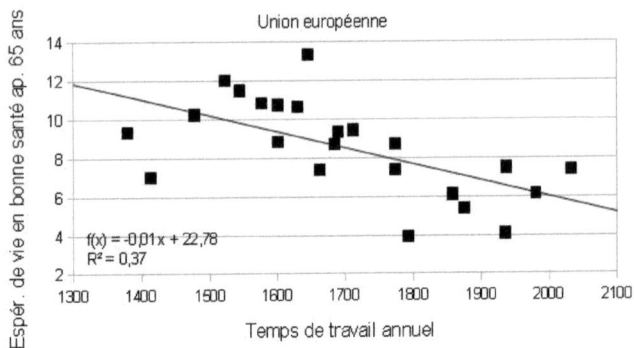

Même chose pour la plupart des autres indicateurs.

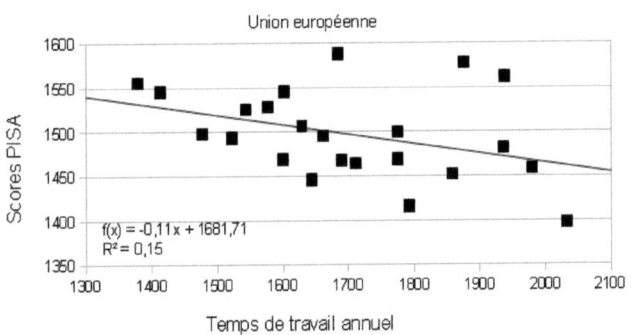

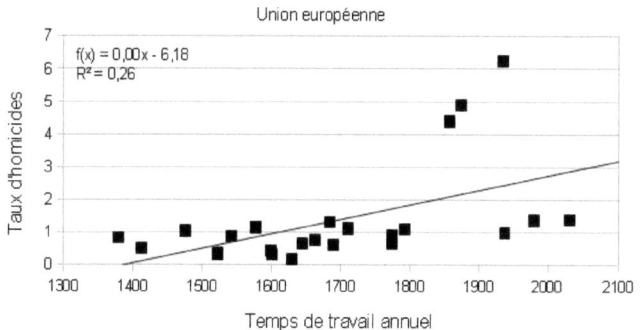

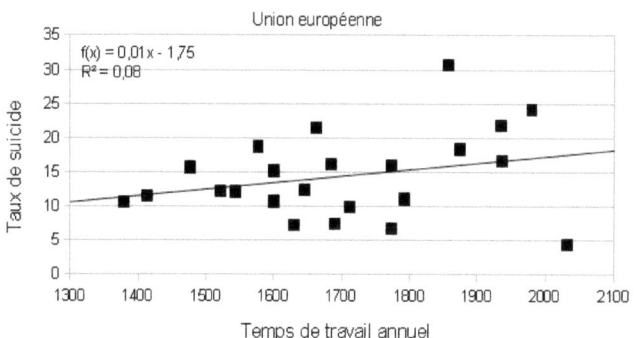

Voilà le genre de données et de fondamentaux que l'Education nationale et les médias devraient mettre à disposition des jeunes. Car en plus d'être révélateurs, ces résultats n'ont rien de très surprenants. Le temps de travail n'est en effet qu'un indicateur parmi d'autres de l'état d'une société et des conditions d'existence. Il ne peut pas être séparé de l'ensemble des rapports sociaux qui le structurent et le conditionnent.

Un système se définit par la façon dont ses éléments – les individus dans la société – interagissent entre eux. Plus précisément, par la façon dont le champ d'action et la liberté de chacun est entravée par celle des autres. Dit plus clairement, une société se caractérise par la capacité des uns à constituer des contre-pouvoirs et à résister aux autres. L'égalité ou l'inégalité des champs d'action et des rapports de force constituent donc le cœur de tout système, et déterminent le degré de liberté de chaque élément et de l'ensemble.

Le système actuel – le capitalisme – est un système fondamentalement inégalitaire, en ce sens qu'il ne pose aucune limite réelle aux revenus – et donc au patrimoine et au capital - que peuvent accumuler les individus tout au long de leur existence. En France par exemple, 10 % seulement de la population détient plus de 53 % des capitaux (aux USA c'est 76 %). Le reste de la population – 90 % - passe donc, en tant que propriétaire minoritaire de ce qui reste des moyens de production, le plus clair de son temps à obéir à ceux qui donnent les ordres (soit en tant que consommateurs de la marchandise finale, soit en tant que patrons des entreprises et délégants aux sous-traitants).

Au vu des statistiques, il apparaît clairement que le temps de travail augmente avec l'inégalité de revenus (et la concentration des capitaux). L'augmentation du temps de travail ne dégrade donc pas seulement les grands indicateurs sanitaires et sociaux, mais est aussi à rapprocher de l'inégalité illimitée de revenus, en tant que système d'obéissance et de soumission généralisée (plus les revenus et les capitaux sont concentrés, plus les propriétaires des moyens de production fixent leurs règles de production et de consommation).

Cela répond à notre question : travailler moins c'est non seulement plus d'espérance de vie en bonne santé, moins d'homicides et moins de suicides, mais aussi, en amont et en aval (pour autant que l'inégalité est entravée) moins d'obéissance contrainte et forcée.

Notons enfin que dans la nature, plus une espèce est évoluée (plus la pression de sélection de son environnement est faible) et moins elle passe de temps à subvenir à ses besoins. Les félins par exemple, qui sont en haut de la chaîne alimentaire, mais qui ne sont pas non plus dotés d'un cerveau extraordinaire, passent le plus clair de leur temps à se prélasser. Nos ancêtres chasseurs-cueilleurs nomades eux ne passaient pas plus de 4 heures par jour en moyenne au "travail" (voir M. SAHLINS). En France, le temps moyen annuel de travail est aussi de 4 h (1473/365). Mais n'oublions pas qu'il faut ajouter tout le temps qui n'est pas payé : le temps de transport, le travail domestique (souvent à la charge des femmes), les procédures administratives, etc. Et bien sûr les conditions de travail.

Travailler moins est-ce vivre mieux ? Oui incontestablement. Même si certains trouvent un bien-être personnel à sacrifier leur famille et leurs semblables au plaisir de commander et de soigner leur réputation. Cela ne veut pas dire qu'il faille décider du haut d'une tour d'ivoire le temps de travail de toutes les entreprises. Cela veut juste dire, ou plutôt cela confirme l'idée qu'une limite des revenus s'impose. Pour décongestionner à terme les capitaux, et redonner un sens au mot *Démocratie*.

9) Entretien improvisé (23 juin 2016)

Les apparences sont parfois trompeuses. Et l'homme révolté n'est pas toujours là où on l'attend. La preuve, avec cette petite entrevue improvisée :

"Vous considérez-vous comme un révolutionnaire ?
- Oui.
- Qu'est-ce qui vous fait dire çà ?
- Tout ce que je vois, tout ce que j'entends.
- C'est-à-dire ?
- Personne ne propose de solution radicale.
- Comme quoi par exemple ?
- Limiter les revenus à 50 000 € ou 100 000 € nets d'impôts par an.
- C'est ce que Mélenchon veut aussi non ?
- Mélenchon propose de limiter les revenus. Et c'est le seul à le faire... je veux dire en tant que candidat... Mais la limite il la met à 300 000.
- Et c'est pas assez ?
- C'est toujours mieux que *L'appel des 40 au CAC 40* qui eux fixent carrément la limite à 1,75 million €. Le problème c'est que çà laisse entendre que, pour le moment, on ne peut pas faire mieux. Alors que ce soit en termes d'efficacité, ou en termes de psychologie collective, une limite trop haute ne paraît pas avoir assez d'impact.
- Admettons on limite les revenus, et après quoi ? Tout est réglé, et on laisse faire les choses ?
- Je n'ai jamais dit çà.
- Les services publics, par exemple, vous dites quoi ?
- Ah le service public... Le nœud gordien de l'Histoire...

Ce que je vais vous dire ne va pas vous plaire, mais la nationalisation n'a jamais été la panacée. Pour deux raisons. Premièrement, plus on la généralise, moins on peut sanctionner les mauvaises gestions. Et deuxièmement, personne ne peut déchiffrer la complexité des interactions humaines et leur évolution.
- Et alors ?
- Imaginez que la plus grosse part de l'économie soit nationalisée. Comment vous faites pour discriminer entre les bonnes et les mauvaises gestions ? Vous laissez çà à un parlement, un comité central ou même à une seule personne ? A supposer que cette personne ait été élue, et qu'il y ait une transparence des comptes, vous allez la réélire quand vous aurez décortiqué toutes les comptabilités, et quand au moins 50 % des secteurs publics auront fait leur boulot ? Si vous avez déjà du mal à juger des compétences présentes, comment vous ferez pour évaluer les capacités à évoluer et à répondre aux besoins futurs ? Même en tant que fonctionnaire d'ailleurs, vous faites comment pour vous retourner contre votre hiérarchie, quand tout est centralisé ?
- Je vois ce que vous voulez dire. Vous faites référence à quelques expériences passées.
- Pas seulement. Le bloc soviétique et d'autres s'y sont cassé les dents. Et s'ils ont coulé, ce n'est pas un hasard, ou juste la faute aux armées du Tsar et à la Guerre Froide. Je ne dis pas que quand on perd, on a forcément tort. On ne peut pas mettre tout le monde sur le même tableau. Les mineurs et les grévistes par exemple n'ont pas toujours gagné, mais n'ont jamais été propriétaires des moyens de production non plus. Ils n'ont jamais eu les clefs en main. Staline et les autres eux les ont eu. Et on

sait ce qu'ils en ont fait. Alors quoi ? Parce que l'impérialisme capitaliste ne vaut pas mieux que l'impérialisme communiste, et parce qu'une poignée de sociopathes privent tous les autres, on va interdire la propriété privée et empêcher les gens de gagner leur vie ?
- Admettons, mais on peut être pour le service public, sans vouloir pour autant tout collectiviser.
- C'est toujours pareil. Le problème c'est l'inégalité. Si vous limitez les revenus, pas besoin de passer systématiquement par la case *service public*. Prenez deux services publics classiques, la police et la santé par exemple. L'insécurité et la morbidité sont corrélées à l'inégalité de revenus. Donc si vous limitez les revenus, vous avez à la fin beaucoup moins d'insécurité et de malades. Si vous ajoutez à cela le fait que même les secteurs a priori les plus sociaux, comme la santé, deviennent des marchés à part entière et profitent aux classes dominantes et aux lobbies – comme l'industrie pharmaceutique – on est loin du compte. Pour les entreprises publiques c'est pareil. Quand l'Etat est minoritaire, il met souvent la main à la poche, et n'a jamais rien à dire. Comme chez *Renault* ou *PSA*, où les salaires des dirigeants défient toute rationalité. Et quand l'Etat est majoritaire, comme dans les banques dans les années 80, il y a souvent plus de scandales que de bonnes nouvelles à annoncer. A la *SNCF,* le maillage du territoire et le renouvellement du capital laissent à désirer. Même l'audiovisuel public, vous voyez une grosse différence vous avec les lignes éditoriales des médias qui appartiennent aux milliardaires ? Vous trouvez que les JT de *France Télévision* et *C dans l'air* sont des programmes

particulièrement objectifs et progressistes ?
- Donc d'après vous il faut faire quoi. Tout privatiser ?
- Je n'ai jamais dit çà. Je dis juste qu'il faut se méfier des évidences. La base, la condition *sine qua non* du socialisme c'est la limitation de revenus. Après il faut ramifier. Il y a des secteurs qui sont tellement particuliers, qu'il doit y avoir un service public fort. C'est le cas de l'Education et de l'eau, parce que ce sont des biens universels. Dans l'énergie, et notamment le développement des énergies alternatives – non nucléaires et fossiles - la collectivité doit aussi jouer un rôle important. Dans les réseaux de communication et de transport, le maillage du territoire et l'égalité d'accès passent nécessairement par une implication forte de l'Etat. Après, vous avez les services régaliens, comme la police, la justice etc Mais bon, vous voyez que même quand on fait la liste - j'en oublie peut-être certains- tout çà concerne une part congrue de l'économie. D'ailleurs, la plupart de ces services sont déjà assurés par l'Etat et les collectivités. Evidemment, la mode en ce moment est à la déstructuration et à la privatisation. Il faut donc être vigilant. Mais il ne faut pas non plus faire du service public l'alpha et l'oméga de la justice sociale et de la révolution. A terme, quand une meilleure répartition des revenus aura abaissé les taux négatifs (comme la morbidité) et démocratisé l'épargne et l'accès au capital, quand la socialisation des moyens de production aura atteint un niveau suffisant, des secteurs considérés aujourd'hui comme devant invariablement être gérés et financés par l'Etat pourront être un peu plus mixtes et ouverts à la souplesse privée. Evidemment, pour l'instant, on n'y est pas.

- Qu'est-ce que vous appelez exactement la socialisation des moyens de production ?
- C'est simple. Aujourd'hui en France plus de 50 % des capitaux est détenue par ceux qui gagnent plus de 50 000 € par an (les 10 % les plus riches). Cela veut dire qu'une petite minorité de la population est propriétaire de la majorité des moyens de production. Cette concentration exubérante des capitaux découle directement de l'inégalité de revenus. Et l'alimente même.
- C'est-à-dire ?
- La capacité à épargner, autrement dit à s'approprier des parts de capital augmente nécessairement avec les revenus. Plus vous gagnez, et plus vous pouvez placer votre argent. D'autre part, plus vous avez d'argent à la base, soit en tant qu'héritier, soit parce que vos revenus sont importants, et plus une banque vous prêtera d'argent pour vos projets, c'est-à-dire pour être vous-même propriétaire d'une entreprise. C'est bien connu. On ne prête qu'aux riches.
- Et alors ?
- C'est un cercle vicieux. D'abord, le propriétaire du capital paiera les autres comme ça lui chante. Ou le minimum légal, ce qui revient à peu près au même. Ensuite, que la majorité des capitaux soit confisquée par quelques-uns engendre ce que j'appellerai un système d'obéissance généralisée.
- C'est-à-dire ?
- Eh bien à partir du moment où vous n'êtes pas associé au capital, en général vous n'avez rien à dire. Vous obéissez c'est tout. Lindsay-Owen Jones, l'ancien PDG de *L'Oréal* ne s'en est pas caché à l'époque : *L'entreprise n'est pas une démocratie, c'est une autorité* avait-il

déclaré. Il n'est pas le seul. Il faudrait être aveugle pour ne pas le voir. Il n'y a pas de démocratie dans l'entreprise. Et comme l'entreprise est la forme principale des activités humaines dans les économies de marché, il n'y a pas de démocratie tout court.

- Vous allez un peu loin là non ?

- Non je ne crois pas. La démocratie, c'est la capacité pour le plus grand nombre à choisir et à évincer ses dirigeants, périodiquement et si le besoin s'en fait sentir. Rien de tout cela dans l'entreprise et le capitalisme. Quels que soient les secteurs. Même dans ceux qu'on croit les plus libérés des formes archaïques de management. Comme les médias par exemple. Les politiques salariales, de délocalisations, d'emploi, de stratégie industrielle, écologique et d'innovation, tout est centralisé.

- Pour vous, donc, les démocraties occidentales ne sont pas des démocraties ?

- Je viens de vous le dire. En Europe, à part quelques exceptions comme la Slovaquie (qui de toute façon sont sursitaires à partir du moment où l'inégalité de revenus n'est pas limitée) partout la majorité des moyens de production est entre les mains d'une minorité. Certes, il y a des degrés différents d'autoritarisme. Mais si c'est pour dire que la France est plus démocratique que la Turquie et la Russie, on n'est pas beaucoup plus avancé. D'ailleurs, en 1789 aussi, la France était plus libérale que beaucoup de pays du monde. Et çà ne nous a pas empêché d'essayer de changer les choses. Vous avez une vision tronquée et binaire du monde. Comme beaucoup de gens, qui sont manipulés par les élites et les médias en place. On leur parle toujours de l'Etat, des politiciens. Les politiciens ne sont propriétaires de rien du tout, pas même de la dette

publique. Ils sont une goutte d'eau dans l'océan du grand capital. Ils sont complices, ils détournent l'attention publique des vrais problèmes, ils détruisent ce que nos anciens ont durement acquis, et ils font payer des impôts au plus grand nombre parce qu'ils sont incapables de prendre l'argent là où il est. Mais leur rôle est très limité. L'Etat formate les jeunes par le biais de l'Education, il est dans le capital de quelques entreprises où les dirigeants sont grassement payés, et il court après tous les feux allumés par le marché. Mais c'est tout. A la fin, c'est toujours les mêmes qui profitent du système.
- Et c'est qui d'après vous ?
- Ceux qui possèdent le capital. Les grands propriétaires. Celui qui commande, c'est toujours le propriétaire. Commander c'est donner l'ordre de faire quelque chose à quelqu'un non ? Et qu'est-ce que font les détenteurs des capitaux, sinon passer leur temps à commander au reste de la population. Ils commandent le travail des autres, en tant que propriétaires des entreprises, et en tant que consommateurs privilégiés des marchandises finales. Ils commandent le niveau de vie des gens, avec ce qu'ils leur laissent comme argent et comme temps pour vivre une fois qu'ils se sont servis. Et ils leur disent ce qu'ils doivent penser, par l'entremise des publicités, des médias, de la quasi-totalité de la classe politique pour le coup, et des représentations culturelles dominantes. Avec, à la fin, l'impossibilité de dire autre chose que ce qu'ils veulent, et l'obligation de s'agenouiller dès qu'ils ouvrent la bouche. Parce que sinon ils paient encore moins, ils licencient, ils harcèlent et ils délocalisent.
- Les petites entreprises sont importantes aussi Il ne faut pas se focaliser sur le grand capital.

- Les TPE/ PME c'est la moitié de l'économie, pas plus. Ces entreprises font avec ce que le grand capital leur laisse comme marchés (en tant que sous-traitants), et à l'immense majorité de la population, qui produit et qui consomme. Tout cela impacte les chiffres d'affaires et les carnets de commande. Et encore je ne vous parle pas de l'énorme masse d'argent qui est pompée par les marchés financiers et qui s'évapore dans les paradis fiscaux. De toute façon, la taille de l'entreprise ne change rien au problème. Ce qui compte c'est la façon dont le capital est réparti. Vous pouvez avoir de petites entreprises avec un patron invivable, et de grands groupements de type coopératifs, où çà se passe beaucoup mieux. Même dans les sociétés cotées en Bourse d'ailleurs, les entreprises où les salariés sont propriétaires et impliqués dans le capital sont moins fragiles face aux prédateurs financiers. Regardez *Eiffage* en 2007-2008. Si le conquistador espagnol de la *Sacyr* a été renvoyé dans les cordes, c'est parce que l'actionnariat salarié (qui détient aujourd'hui 27 % du capital) était plus résistant. Evidemment, il ne faut pas se leurrer. Même chez *Eiffage,* il y a des salariés millionnaires, et d'autres qui sont payés au SMIC. Mais les indices concordent. Plus le capital est réparti équitablement, moins il y a d'arbitraire et de risques dans et pour l'entreprise. Le vrai chevalier blanc, au sens financier du terme, c'est le peuple, c'est-à-dire les 90 % de la population qui ne sont pas propriétaires de la majorité des capitaux aujourd'hui.-

- Comment vous la voyez, concrètement, cette socialisation - privée si j'ai bien compris - du capital et des moyens de production ?

- De la façon la plus simple possible. Vous limitez les

revenus, et vous commencez par restituer la somme à ceux qui travaillent. Déjà, ça relance la consommation et l'activité. Après, ça augmente les capacités d'épargne de millions de gens. Au début, ils peuvent investir dans leurs propres entreprises, celles qu'ils créent ou par le biais de *Sicavas* par exemple (pour les plus importantes). Aptès, ils peuvent se tourner vers d'autres secteurs. Rapidement, le marché du crédit bancaire se libère, et ceux qui veulent créer et innover trouvent des financements plus facilement. L'égalité des chances augmente, l'économie devient plus fluide et plus réactive. Les risques de volatilité et de bulles financières diminuent, celui qui passe son temps à travailler dans son entreprise ne pouvant pas le passer à jouer avec le cours des actions. Au fil des successions et des générations, les patrimoines excessifs se diluent. Quand 50 % de la population détient 50 % des capitaux, là vous savez que vous passez un cap important, et que le rythme peut s'accélérer..."

10) Le *potlatch* moderne (27 juin 2016)

Ça y est c'est officiel. Le capitalisme est un bon système. C'est Bill Gates qui l'a dit. Il était hier soir l'invité exceptionnel du JT de *France 2*. Vêtu d'un polo rose fushia et d'une veste vintage à fins carreaux assortis, Bill Gates nous a expliqué, en toute décontraction qu'il était sur le point de sauver plus de pauvres dans le monde que tous les États réunis.

L'entrevue (enregistrée) dure environ 10 minutes. Dans un petit résumé de la vie du milliardaire, la première chaîne publique explique d'abord (à ceux qui n'avaient pas pris la peine de comprendre) que Bill Gates a été très tôt un surdoué de l'informatique, et un entrepreneur hors pair. Arc-bouté tant bien que mal sur ses principes journalistiques, Delahousse demande ensuite à Bill Gates ce qu'il faut penser de la France, de sa fortune personnelle (75 milliards €), de sa contribution historique aux impôts (6 milliards €), et de son extraordinaire générosité (à la fin de sa vie il gardera seulement 375 millions...). Bill Gates a répondu poliment que la France est un beau pays (avec de petits problèmes d'innovation), que le capitalisme est le meilleur de tous les systèmes, et qu'une nouvelle ère est en train de s'ouvrir (les riches vont sauver de plus en plus de pauvres).

En 2005 Bill Gates a été anobli par la reine d'Angleterre, et élu homme de l'année par le magazine *Time* (avec sa femme Mélinda et le chanteur du groupe U2). Depuis sa retraite, il se consacre essentiellement à sa fondation, et poste de petites vidéos sympas, notamment avec Steven Spielberg (le réalisateur engagé). A l'occasion, il ne rechigne pas à se faire prendre en photo aux côtés des plus démunis, et à se déguiser avec des rastas pour faire de la pub à sa fondation. Une fondation qui, il tient à le rappeler, travaille aussi bien avec le parti démocrate américain que le parti républicain (même si, hier, il s'est fendu d'un petit tacle envers Donald Trump)

Interrogé sur les relatons entre les forces de l'Argent et la démocratie, il a déclaré que les 2 n'étaient pas antinomiques. Apparemment, il n'a pas eu le temps (ou il a oublié) de parler des lobbies pétrolier, militaire, nucléaire et pharmaceutique, de la main mise des marchés financiers sur les dettes publiques et le cours des matières premières, de l'emprise des milliardaires sur la plupart des médias, de l'effet dévastateur de l'inégalité de revenus sur les indicateurs écologiques et sociaux, du financement - parfois occulte - des partis politiques et de la concentration des leviers de démocratie réelle entre les mains d'une petite minorité.

Non Bill Gates n'a pas parlé de tout çà. Et *France2* non plus d'ailleurs. Le monde enchanté des milliardaires est sans doute plus attrayant.

11) *"Lui président..."* (le 30 juin 2016)

Dans une entrevue donnée aux *Echos* hier, Hollande a fait son bilan. Apparemment, il est fier de lui. Il dit qu'il a tenu ses promesses, et qu'il n'a pas trahi la gauche.

Déjà, on peut s'étonner qu'il donne la primeur de ses impressions au quotidien de Bernard Arnault, l'homme le plus riche de France. Mais passons. Qu'en est-il vraiment de son action ?

On ne va pas ici verser dans la polémique. On ne va pas parler des couacs gouvernementaux, de Cahuzac, de Trierweiler, des sans-dents, des saillies caricaturales de Macron et des guerres intestines au *PS*. Non. On ne vas pas parler de tout çà. On va regarder les fondamentaux (enfin ceux qui comptent aux yeux de Hollande).

a) Croissance et chômage

Contrairement à ce que veut faire croire M. Hollande, son bilan économique est plus que mitigé. S'il n'a pas plombé l'activité, il ne l'a pas vraiment libérée non plus.

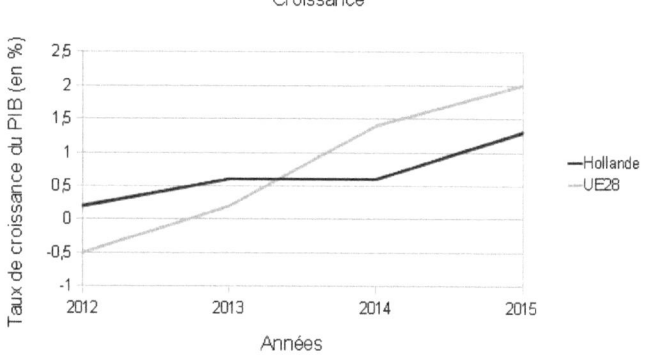

On le voit, la croissance a légèrement augmenté, mais moins vite que dans le reste de l'Europe. En 2012, la croissance française était devant la moyenne de l'*UE*, et aujourd'hui elle est derrière. Même chose pour le chômage, qui n'a pas littéralement explosé, mais en 2012 on était devant la moyenne européenne, et maintenant on est derrière.

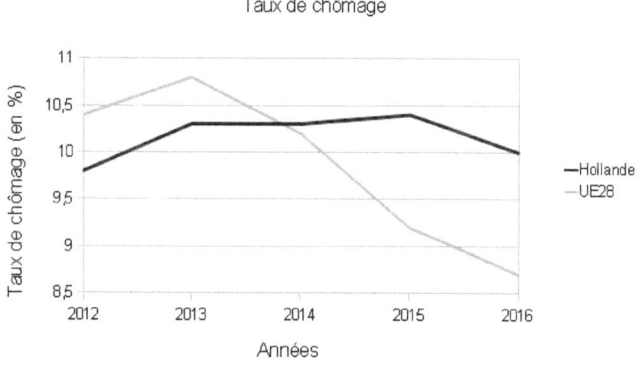

b) Compétitivité : le miroir aux alouettes

Hollande est fier de son *Crédit Impôt Compétitivité Emploi* (*CICE*). Apparemment, il veut même le reconduire.

Pourtant, quand on regarde l'évolution de la balance des comptes courants (le meilleur indicateur de compétitivité d'un pays et de ses entreprises), on remarque que si la compétitivité s'est améliorée depuis 2012, elle reste bien en-deçà de la moyenne européenne. Et l'écart s'est même légèrement creusé (de 0,5 point). Sauf à supposer donc que tous les pays d'Europe ont déversé comme lui des milliards sur les propriétaires des entreprises, on ne voit pas ce qui lui permet de dire que le *CICE* a été bénéfique. Certains diront que si la moyenne européenne s'est améliorée; c'est aussi parce que les bons résultats de la France l'ont tirée vers le haut. Non. Pour çà, il faudrait que la France soit devant, ou que l'écart se soit resserré. Ce qui n'est pas le cas :

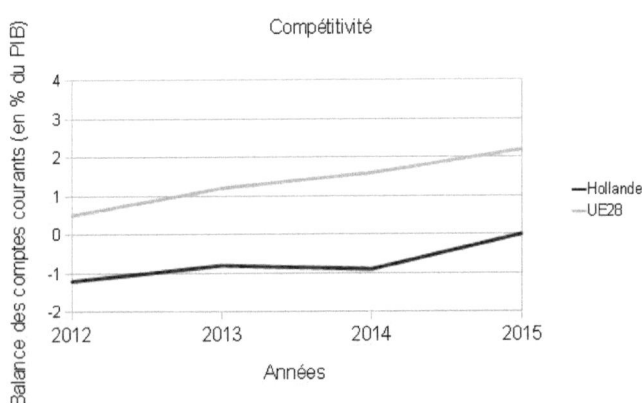

c) Décifit public : bof bof

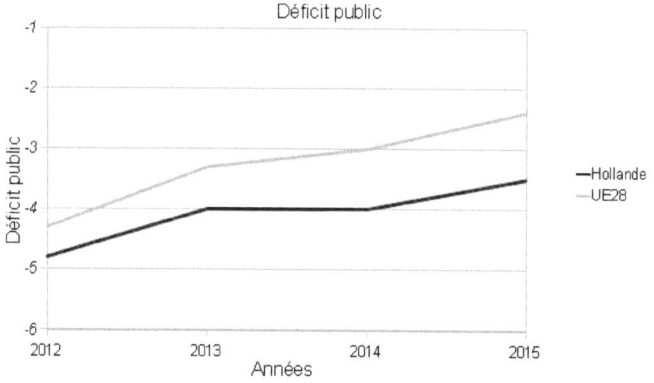

Source Eurostat

Hollande a diminué le déficit public. Mais la baisse reste marginale : on est passé de – 4,8 % à – 3,5 % en 2015. L'écart avec la moyenne européenne s'est d'ailleurs creusé (de 0,6 point), comme on peut le voir sur le graphique précédent.

A noter également que si Hollande a réduit le déficit, il a augmenté la dette publique (si si c'est possible) et aggravé l'écart avec la moyenne européenne, alors que l'essentiel de la dette est détenu par les marchés financiers.

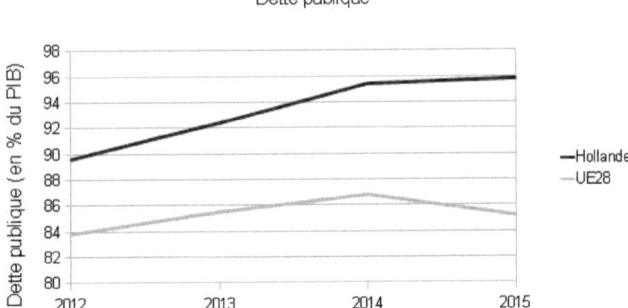

Dette publique

d) Rapport impôts / inégalité : très loin du compte

A la décharge de ce pauvre bilan, on notera un point positif. Hollande a inversé la corrélation impôts/inégalité. Avec Sarkozy, le taux d'imposition avait augmenté de plus de 4,4 % (2,9 % en Europe sur la même période) et dans le même temps les inégalités de revenu s'étaient creusées (l'*indice de Gin*i était passé au-delà des 0,300). Sarkozy avait en effet réussi cette chose inconcevable et ubuesque d'augmenter les impôts plus que la moyenne européenne, tout en aggravant les inégalités (voir page 112).

Hollande a inversé cette tendance. Depuis 2012, le taux d'imposition a augmenté de 2,3 % (de 0,44% dans l'*UE*) et l'inégalité s'est réduite (l'indice de Gini est repassé sous la barre des 0,300).

Maintenant, on est loin du compte. 12 pays de l'*Union européenne* sont encore aujourd'hui plus égalitaires que la France. Et ils s'en sortent très bien. Rien de surprenant. Le taux de chômage, la compétitivité, le solde public, les capacités d'innovation, l'espérance de vie en bonne santé et la sécurité se détériorent avec l'inégalité intrinsèque au système. Ce que semble ignorer Hollande. Le dernier *indice de Gini* français (disponible) est de 0,292... au même niveau qu'avec Chirac. Autrement dit, Hollande est aussi socialiste que Chirac. Et on ne parle pas ici des retraites, ni des lois Macron et El Khomri.

Oh la la, la finance et le capitalisme ont du souci à se faire.

12) Notre-Dame

Au moment où la polémique enfle au sujet des dons pour la restauration de Notre-Dame, il est peut-être bon de rappeler quelques fondamentaux. En effet, les choses sont assez simples. D'un côté, on ne peut pas raisonnablement laisser une cathédrale tomber en ruines, et d'un autre côté, que plus d'un milliard € soit levé en si peu de temps a - pour le moins - de quoi surprendre (quand on ne cesse de rabâcher qu'il n'y a plus d'argent). Parmi toutes les raisons qui expliquent que nos chers milliardaires injectent autant d'argent pour la restauration, il y en a une qui a retenu mon attention. En effet, on nous a rappelé que la plupart d'entre eux étaient catholiques pratiquants. Ce n'est pas un scoop. M. Mulliez, un autre milliardaire qui ne s'est pas encore manifesté, est d'ailleurs connu pour faire partie de l'Opus Dei. Mais passons. Le côté ubuesque de la chose, c'est que ces grands seigneurs puissent se dire - ou se croire - chrétiens. Pardon, mais nous n'avons pas dû lire les mêmes évangiles. L'essence même du message chrétien -

comme chacun sait - c'est « aime ton prochain comme toi-même ». Il faudra qu'on m'explique comment on aime et on aide les autres en ramassant toute la galette. Mais bon, comme je sais que certains vont nous parler de la théorie du ruissellement (ou du premier de cordée etc.), entrons un peu si vous voulez dans le détail. Jésus ne dit pas simplement – ou vaguement – qu'il faut aimer son prochain (et que l'égalité c'est bien). Il dit carrément et explicitement que le riche n'est pas chrétien. Je ne vais pas vous embêter avec toutes les citations, mais bon quand même, à un moment donné il faut arrêter les conneries. Jésus dit : « Vous ne pouvez servir Dieu et Mamon (l'argent) » / et « Il est plus facile à un chameau d'entrer par le trou d'une aiguille qu'à un riche d'entrer dans le royaume des cieux ». A aucun moment d'ailleurs Jésus ne dit qu'il faut construire des cathédrales (« Tu es Pierre et sur cette pierre je bâtirai mon église » : autrement dit les pierres d'une église, ce sont les hommes). Il dit aussi, par ailleurs, que quand on fait un don on ne doit pas sonner « de la trompette devant soi comme font les hypocrites ». Donc de deux choses l'une, soit nos milliardaires ne savent pas lire, et c'est inquiétant. Soit ils n'ont pas toute leur tête, et çà l'est encore plus.

Je ne reviendrai pas ici sur le fait qu'ils se sont livrés à une surenchère ridicule. Je remarquerai juste que le don a toujours été source de prestige et d'inégalité. On l'a un peu tous oublié. Mais historiquement c'est le cas (voir Alain Testart et notamment « Des dons et des dieux »). Eh oui, car celui qui donne en tire toujours un bénéfice. Du prestige social. Il y a un diction Inuit qui dit : "Avec les dons on fait les esclaves, comme avec les coups de fouet on fait les chiens". D'ailleurs, quand on dit que les milliardaires donnent, çà entérine d'une certaine façon leur richesse. Car on ne donne que ce qui est à soi. Autrement dit, quand ils disent qu'ils font un don, ils ne disent rien d'autre que ce qu'ils ont est bien à eux. En d'autre termes, qu'ils l'ont mérité. Et donc que le système dans son ensemble est méritocratique. Au prestige qu'ils tirent d'être au faîte des grandeurs et de la fortune, ils ajoutent celui d'être publiquement généreux. D'être des philanthropes si vous voulez. La cerise sur la gâteau en ce qui concerne Notre-Dame, c'est qu'avec leur don ils s'en approprient une part (au moins symbolique). En tant que détenteur des capitaux et du patrimoine privé, il ne leur manquait plus que d'être à la source du patrimoine historique. Et maintenant ils le sont. D'un certain point de vue, c'est la continuité logique. Bill Gates nous a déjà expliqué qu'il sauvait plus de pauvres par ses dons que tous les États réunis. La lente déliquescence de l'État suit donc son cours. Encore un petit effort, et bientôt les riches ne paieront plus d'impôts, et décideront souverainement des actions pour lesquelles ils veulent laisser libre cours à leur générosité et leur grandeur d'âme.

13) Gilets jaunes : les jours se suivent et se ressemblent

On est là, entre nous. On discute, on se chamaille. Ingrid Levavasseur va au front, sous le feu des projecteurs et des critiques. Elle laisse parler son cœur. Elle en appelle aux dons, au bon sens et à l'humanisme. Et puis bien sûr... Rien. Tout le monde essaie de rester calme et respectueux. Parce qu'on est fatigué des clashs et des vindictes. Alors on donne le meilleur de nous-mêmes. On sait que ce qui fait la différence, c'est la patience et le courage. Et puis... Rien. Comme d'habitude. Il y a comme un air de fin du monde qui flotte dans l'air. Les survivalistes font des tutos sur le net, les collapsologues sont invités sur les plateaux, et les esprits faibles voient des complots partout. Je vais sur le site de BFM, à propos d'un article sur Arnault et la polémique sur les dons. Et là un torrent d'insultes, de fiel et de cynisme. Les "gilets jaunes sont des jaloux, ils n'ont qu'à aller bosser et faire des études pour mieux gagner leur vie". Voilà où on en est. C'est comme çà. Les jours se suivent et se ressemblent. Les mêmes débats, les mêmes mensonges, et les mêmes turpitudes. Et puis... rien. Quand on en appelle au cœur... Rien. Quand on en appelle à la raison... Rien. Si on dit que l'inégalité de revenus est indécente, on nous dit qu'on est binaire. Si on dit que la planète est en danger, on nous dit qu'il n'y a pas de solution miracle et que çà prendra du temps... Bref, on nous endort.

Des millions d'années d'évolution pour çà ? Une planète perdue dans l'immensité de l'univers pour çà ? La vie sera donc toujours difficile et compliquée ? Allez quoi on vous répondra « Arrêtez de vous plaindre. Regardez ailleurs. La France est un pays de cocagne, de bâtisseurs et de génies. Il suffit de se remuer et arrêter d'être jaloux. Il ne faut pas opposer les uns aux autres. Tout le monde il est gentil. Sauf ceux qui disent le contraire. Après tout là vie n'est pas si moche. On peut regarder les infos sur un écran plat, faire un emprunt à taux bas. Et se prendre une bonne murge le week-end. Et la semaine recommence. Ceux qui critiquent sont des aigris et des pisse-froid. Pour eux, les raisins sont toujours trop verts. Parce qu'ils sont fainéants. Ah les darwinistes, ils avaient tout compris. Il y a les aptes et les inaptes. C'est comme çà. C'est la sélection. Donnez de l'argent à un pauvre, et il ira au PMU. Travail, Famille, Patrie. Çà c'est un slogan qui en jetait. Çà claquait. Mais les assistés et les immigrés vont bientôt comprendre. Rira bien qui rira le dernier. L'Europe aussi. Des technocrates, des bandits, et des voyous. Souvenez-vous tout allait bien sans eux. Tout était rose. Les pauvres étaient moins pauvres, le soleil brillait et les oiseaux chantaient. On respectait son patron, son pays et son mari. Mais tout est perdu. La faute au laxisme et aux gauchistes. Et vous ! Vous les gilets jaunes, vous croyez que vous allez changer çà ? Avec vos casseurs, et vos petits commentaires à la noix ? Mais regardez-vous ! Vous savez même pas parler. Vous faites que vous engueuler. Vous ouvrez le bec comme si çà allait vous tomber tout cru. Mais vous valez pas mieux. Vous avez pas compris ? Vous ne changerez rien ! »

Bon bah... bon week-end les ami(e)s..

14) Résumé

"...la différence entre le capital qui profite à l'économie réelle et le capital spéculatif...." : Tout dépend de comment on définit le capital, et donc le capitalisme. Le capitalisme c'est l'inégalité illimitée de revenus. Comme pour l'esclavagisme et le féodalisme vous me direz. Oui, à deux différences près : 1. comme vous le rappelez, dans le capitalisme le producteur est séparé des principaux moyens de production (à la différence du paysan dans le féodalisme). et 2 : ce qu'il y a au cœur du capitalisme, c'est la sacralisation des marchandises et du marché (alors que dans le féodalisme c'est Dieu et la religion). La main invisible du marché a remplacé celle de Dieu en quelque sorte. Ces différences a priori secondaires ont leur importance. Tous les systèmes économiques depuis 15 000 ans sont inégalitaires, mais dans le capitalisme tout est fait - si j'ose dire - pour que l'inégalité aille plus loin. Car ce qui se vend, au final, dans le marché, ce ne sont pas tellement les qualités objectives de la marchandise - et du capital - mais ce qu'elle procure comme avantage social (voyez Veblen). La marchandise ultime du marché, c'est l'inégalité elle-même. Dans le système de prix capitaliste, ce qui a le plus de valeur, ce n'est pas la marchandise en soi, mais la position et le prestige social qu'elle procure. Regardez là où va l'argent, ce qui coûte le plus cher, et ce qui rapporte le plus : ce ne sont pas les biens les plus élémentaires et vitaux - ou l'éducation - c'est tout le reste (design, marketing, management, médias, sport, art contemporain, show business, marchés financiers etc.). L'argent va là où ça arrange l'inégalité si vous voulez. Une masse énorme d'argent est aspirée, pompée par la sacralisation de l'inégalité. Dans le féodalisme, l'inégalité (via la hiérarchie aristocratique et la religion) se donnait dans toute sa brutalité. Mais dans le capitalisme, on ne la voit plus. En tout cas, tout est fait pour qu'on ne la voit pas. Les lois du marché sont présentées comme des lois naturelles, immuables et universelles. Contre lesquelles on ne peut rien. Alors que le marché, c'est nous évidemment. Le problème me direz-vous, c'est que la plus grosse part du marché est détenue par une poignée d'individus. Oui, mais pourquoi détiennent-ils cette part ? Parce que l'inégalité de revenus est illimitée. On n'épargne - et donc on accède au capital - qu'à proportion de ses moyens. Limitons les revenus, et le capital se socialisera progressivement. Sans passer par la case nationalisation d'ailleurs. Limitons les revenus, et on tuera le veau d'or, devant lequel tout le monde se prosterne. La règle du jeu ne sera plus "enrichis-toi sans limites" mais "enrichis-toi en proportion de ce que tu travailles, et de ce que tu apportes à la société et à la planète". Bref, limitons les revenus, et les gens cesseront d'obéir aveuglément, et d'aimer leur servitude comme dirait La Boétie. Car celui qui commande - via le capital et son pouvoir d'achat - c'est toujours le propriétaire.

ANNEXES

ANNEXE 1

Classement des 34 pays de l'*OCDE* selon l'*indice de Gini* (après transferts sociaux)

L'*OCDE* est parfois décrite comme étant une organisation orientée, de type néo-libérale. Au moins, on ne pourra pas nous reprocher d'avoir des sources partisanes.

Il s'agit ici, pour chaque pays membre, des moyennes des chiffres disponibles entre 2001 et 2011, sur la base de la définition utilisée jusqu'en 2011.

Utiliser la moyenne des inégalités de revenus sur une décennie a deux avantages. D'une part, cela permet de lisser les variations. D'autre part, à défaut de disposer de données complètes sur la concentration des capitaux, notamment sur la part détenue par les 10 % les plus riches, la moyenne des indices de Gini permet de prendre en compte des effets qui peuvent avoir une certaine inertie et mettre un certain temps à se faire sentir.

Place	Indice de Gini	Pays	*ISO*
1	0,243	Danemark	DNK
1	0,243	Slovénie	SVN
3	0,254	Norvège	NOR
4	0,260	République Slovaque	SVK
4	0,260	République Tchèque	CZE
4	0,260	Suède	SWE
7	0,264	Finlande	FIN
8	0,271	Belgique	BEL

Place	Indice de Gini	Pays	*ISO*
9	0,272	Islande	ISL
10	0,274	Luxembourg	LUX
11	0,276	Autriche	AUT
12	0,284	Hongrie	HUN
13	0,285	Pays-Bas	NLD
14	0,286	Allemagne	DEU
15	0,291	France	FRA
16	0,293	Suisse	CHE
17	0,308	Irlande	IRL
18	0,311	Corée du Sud	KOR
19	0,318	Canada	CAN
20	0,321	Italie	ITA
20	0,321	Pologne	POL
22	0,324	Estonie	EST
23	0,328	Australie	AUS
23	0,328	Espagne	ESP
23	0,328	Japon	JPN
23	0,328	Nouvelle-Zélande	NZL
27	0,337	Grèce	GRC
28	0,338	Royaume-Uni	GBR
29	0,359	Portugal	PRT
30	0,375	Israël	ISR
31	0,376	États-Unis	USA
32	0,404	Turquie	TUR
33	0,471	Mexique	MEX
34	0,508	Chili	CHL

ANNEXE 2

Classement des 28 pays de l'*Union européenne* selon l'*indice de Gini* (après transferts sociaux)

Il s'agit pour chaque pays des moyennes des chiffres disponibles entre 2005 et 2014, sauf pour la Bulgarie, la Roumanie et la Croatie où les chiffres courent à partir de leur date d'adhésion dans l'*Union européenne* (2007 pour la Bulgarie et la Roumanie et 2013 pour la Croatie). Il y a quelques distorsions avec les chiffres de l'*OCDE*, en raison du léger décalage dans le temps. Nous avons laissé le Royaume-Uni puisque les données s'arrêtent en 2014.

Place	Indice de Gini	Pays
1	0,237	Slovénie
2	0,243	Suède
3	0,251	République Tchèque
4	0,254	Slovaquie
5	0,258	Finlande
6	0,262	Danemark
7	0,263	Pays-Bas
8	0,267	Belgique
9	0,270	Hongrie
10	0,274	Malte
11	0,276	Autriche
12	0,280	Luxembourg
13	0,282	Allemagne
14	0,291	France

Place	Indice de Gini	Pays
15	0,303	Chypre
16	0,304	Irlande
17	0,305	Croatie
18	0,319	Italie
18	0,319	Pologne
20	0,323	Estonie
21	0,325	Royaume-Uni
22	0,330	Espagne
23	0,337	Grèce
24	0,346	Bulgarie
24	0,346	Roumanie
26	0,347	Lituanie
27	0,354	Portugal
28	0,362	Lettonie

ANNEXE 3

Scores des partis national-populistes aux élections européennes de 2014 :

Nous avons mis entre parenthèses les partis dont l'appartenance à la catégorie national-populiste est moins évidente. Dans nos corrélations, nous les incluons dans les calculs.

Indice de Gini 2013	Pays	Partis national-populistes	Scores (en %)
0,242	Slovaquie	*Parti National Slovaque*	3,61
0,244	Slovénie	*Parti national slovène*	4
0,246	République Tchèque	*(ANO 2011)*	16,13
0,249	Suède	*Démocrates Suédois*	9,67
0,251	Pays-Bas	*Parti de la liberté*	13,32
0,254	Finlande	*Vrais Finlandais*	12,87
0,259	Belgique	*Vlaams Belang*	5,59
0,268	Danemark	*Parti Populaire*	26,6
0,270	Autriche	*Parti de la liberté*	19,72
0,279	Malte	/	/
0,280	Hongrie	*Jobbik*	14,67
0,297	Allemagne	*(Alternative pour l'Allemagne)* *Parti national-démocrate*	8,07
0,300	Irlande	*(Sinn Féin)*	19,5

Indice de Gini 2013	Pays	Partis national-populistes	Scores (en %)
0,301	France	*Front National* *Debout la République* *Union Populaire Républicaine*	29,09
0,302	Royaume-Uni	*UKIP*	26,6
0,304	Luxembourg	/	/
0,307	Pologne	*Nouvelle Droite*	7,15
0,309	Croatie	/	/
0,324	Chypre	*ELAM*	2,69
0,328	Italie	*(Forza Italia)* *Ligue du Nord*	22,92
0,329	Estonie	*Parti Populaire Conservateur d'Estonie*	4
0,337	Espagne	*Démocratie nationale*	0,08
0,340	Roumanie	*PPDD* *Parti de la grande Roumanie*	6,37
0,342	Portugal	*Parti national rénovateur*	0,46
0,344	Grèce	*Aube dorée* *Alerte populaire orthodoxz*	12,09
0,346	Lituanie	*Ordre et Justice*	14,25
0,352	Lettonie	*Alliance Nationale*	14,25
0,354	Bulgarie	*Bulgarie sans censure* *Front national pour le salut de la Bulgarie* *Union nationale attaque*	16,67
Moyenne			11,08

TABLE DES MATIERES

INTRODUCTION

PREMIÈRE PARTIE : LE CARCAN CAPITALISTE :

I/ Le surcoût du capital
II/ Vers une extension de la notion de capital
    A/ Quelle responsabilité ?
    B/ L'instabilité du marché

SECONDE PARTIE : EXTERNALISATIONS

I/ Le prix pour l'Homme
    A/ Un faisceau d'indices
    B/ Des corrélations importantes
II/ Le prix pour la Nature
    A/ La corrélation impact écologique / inégalité
    B/ Autres considérations

CONCLUSION

COMPLEMENTS

1) Sur « l'inégalité naturelle »
2) Tels qu'en eux-mêmes l'éternité les change
3) Sur la vidéo de *Nada Info*
4) Sur la *loi El Khomri* (11 mars 2016)
5) Sur les revenus de Carlos Tavares, PDG de *PSA* (mars 2016)
6) Oyez oyez braves gens (6 avril 2016)
7) Sur Juppé et la Droite (15 juin 2016)
8) Philosphie
9) Entretien improvisé (23 juin 2016)
10) Le *potlatch* moderne (27 juin 2016)
11) *"Lui président..."* (le 30 juin 2016)
12) Notre-Dame
13) Gilets jaunes
14) Résumé

ANNEXES

1) Classement des 34 pays de l'*OCDE* selon l'*indice de Gini* (après transferts sociaux)
2) Classement des 28 pays de l'*Union européenne* selon l'*indice de Gini* (après transferts sociaux)
3) Scores des partis national-populistes aux élections européennes de 2014

© 2020, David Guerlava

Edition : Edition : BoD - Books on Demand
12/14 rond-point des Champs Elysées, 75008 Paris
Impression : Books on Demand GmbH, Norderstedt, Allemagne
ISBN : 9782322077076
Dépôt légal : juillet 2020